漫游
土耳其

藏羚羊旅行指南编辑部　编著

北京出版集团公司
北京出版社

图书在版编目（CIP）数据

漫游土耳其 / 藏羚羊旅行指南编辑部编著 . — 北京：
北京出版社，2016.8
　ISBN 978-7-200-12310-4

　Ⅰ . ①漫… Ⅱ . ①藏… Ⅲ . ①旅游指南—土耳其
Ⅳ . ①K937.49

中国版本图书馆 CIP 数据核字（2016）第 163600 号

漫游土耳其
MANYOU TU'ERQI

藏羚羊旅行指南编辑部　编著

*

北 京 出 版 集 团 公 司
北 京 出 版 社　　出版
（北京北三环中路 6 号）
邮政编码：100120
网　　　址：www.bph.com.cn
北 京 出 版 集 团 公 司 总 发 行
新 华 书 店 经 销
三 河 市 庆 怀 印 装 有 限 公 司 印 刷

*

889 毫米 ×1194 毫米　32 开本　7 印张　230 千字
2016 年 8 月第 1 版　2016 年 8 月第 1 次印刷
ISBN 978-7-200-12310-4
定价：39.80 元
如有印装质量问题，由本社负责调换
质量监督电话：010-58572393

前言

　　土耳其，这个横跨欧亚两洲的大国，除了名列"金钻十一国"之外，其旧都伊斯坦布尔也获选为欧洲文化首都。

　　不让中国、印度这些拥有古老文明又名列"金砖四国"的国家专美于前，土耳其也凭借地大物博、原物料丰沛、人口结构年轻等优势，大幅跃进，短短几年时间，土耳其的经济实力已经不容小觑。

　　很多人以为，郁金香产自荷兰，但其实它的原产地在土耳其，同时它也是土耳其的国花。土耳其凭借着老祖宗留下来的千年古老遗迹，成为一个资源雄厚的旅游大国，土耳其的旅游业是其第四大产业，全国 11% 的人口从事旅游业。

　　论古文明，赫梯帝国、波斯帝国、马其顿帝国、罗马帝国、拜占庭帝国、塞尔柱（Seljuk）帝国、奥斯曼帝国先后进驻；论宗教文化，伊斯兰教清真寺和东正教教堂同时并立，几千年来东西方文化在土耳其迸出精彩的火花；论人种，一般常说土耳其人是来自中亚的突厥人后代，事实上，经过斯拉夫民族、库尔德族、希腊人以及巴尔干半岛、高加索各色人种几千年的种族融合，土耳其早已是一座多姿多彩的种族熔炉；论自然地貌，它有卡帕多西亚、棉堡的世界级奇景，也有地中海、爱琴海的蔚蓝海岸风光；论视觉、味觉、嗅觉、触觉的五官享受，土耳其浴、肚皮舞、旋转舞、土耳其菜、水烟、咖啡、红茶、茴香酒……更是令人向往的土耳其式体验。

　　本书将从打开世界第三大菜系的食物密码——土耳其美食、认识土耳其——土耳其世界遗产、市场大采购——土耳其伴手礼等主题为开端，让读者快速建立对土耳其的印象。接着以伊斯坦布尔、布尔萨、恰纳卡莱、伊兹密尔、塞尔丘克、帕慕卡莱（棉堡）、博德鲁姆、费特希耶、卡什、安塔利亚、北塞浦路斯、安卡拉、科尼亚、卡帕多西亚、黑海、东部高原等分区的形式提供交通、景点等实用资讯，帮助读者提前了解旅游目的地。

目录

Contents

Contents

目录
Contents

土耳其美食

打开世界第三大菜系的食物密码

位于欧、亚、非交界的土耳其，在饮食方面融合了中亚、中东与地中海特色，和中国菜、法国菜并称"世界三大菜系"。土耳其祖先突厥人是游牧民族，烤肉、烤饼、酸奶构成其饮食的基础，又因境内物产丰富，高山植物提供香料来源，变化出各种丰富菜肴。最后将土耳其菜推向精致化，则要归功于奥斯曼土耳其帝国。宫廷美食影响民间甚巨，使土耳其菜在世界美食之林占得一席之地。

面食

土耳其的面食种类繁多，不同形状，不同包装方式，或是不同吃法，就有不同名称，如果不是土耳其当地人，很难分辨其中的异同，有人以 Pide 来总称所有的相关饼类，其实不然。

Pide
Pide 可以说是土耳其的比萨饼，厚厚的、嚼劲十足，这是最常见的。

Lavaş
Lavaş 是一种刚烘烤出炉时膨胀得像一座小山，一撕开就会扁平下来的面包，涂奶油、奶酪，趁热吃滋味佳。

Gözleme
Gözleme 是来自安纳托利亚高原的传统小吃，一种包馅的煎饼，馅的内容大概是奶酪、菠菜或肉末，路边常可见到包着头巾、正在煎饼的妇女。

Lahmacun
Lahmacun 像是薄皮比萨饼，传自阿拉伯，通常上面会有肉末。

Mantı
面皮包肉馅，就像中国的饺子，称为 Mantı，但个头比饺子小很多，而且通常会浸泡在酸奶煮过的酱汁里。

Kıymalı Pide
形状像一艘船的 Pide，上面放了碎肉和蛋。

Sigara Böreğı
面皮包白奶酪再炸，形状像香烟，也像中国的小春卷，是土耳其常见的家常点心。

各式烤肉料理都称为"Kebabı"，因种类繁多，各地口味也都略有不同。

Döner Kebabı

Döner Kebabı 是直立旋转烤肉，削成片，这就是平时路边可以见到的"土耳其烤肉"。

Şiş Kebabı

Şiş Kebabı 则是整块肉的烤肉串，几乎所有去烤肉餐馆的人都会点这道菜。

İskender Kebabı

在布尔萨可以吃到一种 İskender Kebabı（或称 Bursa Kebabı），这是 Döner Kebabı 的一种，摆在 Pide 上，配上酸奶、融化的奶油及番茄酱。

Adana Kebabı

Adana Kebabı 是肉剁碎后串烤的烤肉串，上面会再撒辣椒粉或香料。

Köfte

肉丸或肉饼的烤肉称为 Köfte。

Karısık

各种 Kebabı 烤肉都有的烤肉拼盘。

汤

土耳其菜的汤品很特别，一餐之中，汤是不可或缺的。乍看平淡无奇，其实汤的内容物非常丰富。

Domates
这种汤从发音就可以大略猜出是番茄汤，色泽如番茄一样的红，酸浓够味。

İşkembe
这种羊肚汤，用羊肚煮成，味道偏重，但土耳其人非常喜爱，吃前可以加点儿蒜汁。

Ezo Gelin
这是土耳其所谓的新娘汤，用洋葱、小麦、西红柿、红扁豆熬煮的浓汤，上面再撒上薄荷等香料。

Düğün Çorbası
Düğün Çorbası是米、酸奶、奶油、薄荷混合制成的汤，通常在婚礼的时候喝。

甜点

土耳其人偏爱甜食，那种既甜又腻的甜度对中国人而言恐怕不易接受，但是不尝一点儿甜点，似乎又不曾来过土耳其。

Aşure
这是布丁的一种，放了水果干、坚果等。

Fırında Sütlaüç
这是白色的烤米布丁，冷食，在伊斯坦布尔很普遍。

Baklava
这是一种酥皮点心，蘸了蜂蜜，以伊斯坦布尔的最有名。

Lokum
在萨夫兰博卢，Lokum最为有名，是一种加了坚果的软糖。

Tulumba
这种淋上糖浆的小油炸饼，吃起来像浸了糖水的麻花。

Künefe
这是一种加了奶酪的糕点，呈丝状纤维，口感甜腻。

也许很多人不解土耳其菜何以能号称"第三大菜系"，但一尝"Meze"就可以明白了。"Meze"是前菜的意思，但到底有多少种？就连土耳其人也会被问倒，因为数也数不清，声势之壮大远远超过主菜，可以是肉类、鱼类，也可以是蔬菜，冷的、温热的，再淋上香浓的橄榄油。一般人较习惯的沙拉通常也可以算是 Meze 的众多道菜之一。

Yaprak Dolması
最著名也最常见的 Meze 是菜叶包，Yaprak 是用葡萄叶包馅的，馅料通常是米饭、松子、醋栗。

Çoban Salatası
这是标准的沙拉，以西红柿、洋葱、小黄瓜、青椒等蔬菜制成，再淋上橄榄油。

Yoğurtlu Semizotu
这是用新鲜蔬菜拌上大量的酸奶做成的。

Biber Dolması
这是青椒塞肉或米饭的菜叶包（Dolma）。

Domates Dolması
这是以西红柿为外壳的菜叶包。

Fasulye Pilaki
西红柿煮扁豆，和 Kuru Fasulye 炖扁豆有点儿像，但多了西红柿的酸味。

Kuru Fasulye
这是炖扁豆，虽是前菜，但常用来淋在米饭上。

Plaki
不同于常见的扁豆，这是炖煮的蚕豆。

Kırmızı Biber
这是腌渍红椒，有强烈的大蒜味。

Ballı Yogurt

酸奶加蜂蜜不停地搅拌，盘子倒转都不会掉下来，然后上面再撒上罂粟籽，是Dinar地区的名产。

Saçtava

热腾腾的铁板上，盛放着炒羊肉和各式蔬菜，是安纳托利亚地区的菜肴。

Pekmez Aside

葡萄汁熬煮8小时以上制成的糖浆，蘸面包吃，土耳其很多地方都有，但以卡帕多基亚最有名。

Testi Kebabı

这是卡帕多基亚地区特色菜，要敲碎陶罐才吃得到。

Kuru Güveş

这是放进了牛、羊、鸡肉丸的瓮烧料理，在棉堡地区吃得到。

Gömlekte Kuru Fasulye

这是卡帕多基亚地区特色菜，扁豆加羊肉放在陶罐里炖煮。

Alabalık Tava

就是煎烤鳟鱼，在有河流的内陆地区都吃得到。

Rakı

号称红茶之外的土耳其国饮，正确名称是茴香酒，因为加水之后会变成白色，又名狮子奶。

Elma Çayı

这是苹果茶，酸酸甜甜散发着苹果香，游客很爱点，其实土耳其人不太喝。

Ayran

这是一种咸的酸奶。

Çay

这是红茶，土耳其人必备饮品，到处都看得到。

Türk Kahvesi

这是土耳其式咖啡，不滤渣，咖啡渣还可以算命。

KESTANE
100 gr   5 TL
200 gr   10 TL
300 gr   15 TL
400 gr   20 TL
500 gr   25 TL

MISIR
2 TL

Kumpır
个头约两个巴掌大的烤马铃薯，上头加满了香肠、奶酪、蔬菜等各式各样的配料，据说很适合情侣约会时一块儿享用，以伊斯坦布尔卡拉寇伊区的最有名。

Dondurma
这种著名的土耳其冰激凌，小贩通常都会穿上民俗服装和游客闹着玩。

Midye Dolması
这种淡菜里面塞着米饭的路边小吃，也是菜叶包的一种，吃的时候挤一点儿柠檬汁可以去腥味。

Balıklı Sandviç
这种烤鱼三明治，伊斯坦布尔加拉塔桥附近的路边小吃。

Şimit
在路边还可以看到一种 Şimit，不是甜点，而是一种芝麻饼。

Kestane Kebabı
虽有 Kebabı 这个字，其实就是烤栗子，冬天常看得到。有时会和烤玉米一起卖。

17

土耳其世界遗产

土耳其的世界遗产，多半和它数千年累积的文明有关，不论是宗教上的伊斯兰教、基督教圣地，还是属于古文明的赫梯帝国、利西亚人遗址、爱琴海文明、希腊化遗迹，都榜上有名。而土耳其境内最著名的卡帕多西亚、棉堡两大自然奇景，也都因为自然景观上遗留丰富的人类文明而被列为综合遗产。

1 伊斯坦布尔历史区
Historic Areas of Istanbul
● **1985，文化遗产**

伊斯坦布尔是世界上唯一一横跨欧亚大陆的城市，也是拜占庭、奥斯曼两大帝国的首都，它曾是全世界的政治、宗教及艺术中心，时间长达2000年之久。伊斯坦布尔历史城区最令人惊艳的文化遗产包括：拜占庭帝国君士坦丁大帝时代的赛马场、公元6世纪的建筑巨作圣索菲亚大教堂及奥斯曼最完美建筑苏莱曼清真寺，它们分别见证了伊斯坦布尔重要的历史和文化传承。

2 特洛伊遗址
Archaeological Site of Troy
● **1998，文化遗产**

直到1871年，特洛伊仍是《荷马史诗》中所撰述的传说，全赖德籍商人谢里曼（Schliemann）锲而不舍的挖掘，终于在特洛伊这个地方挖掘出了3000年前的证据。出土的特洛伊遗址深达9层，各个文化层清楚显示出每个时代不同的发展。最底层的年代可溯及公元前3600年，第6层或第7层的年代接近特洛伊战争时期，第8层为希腊时期的建筑，最上层则是罗马帝国时期的遗迹。

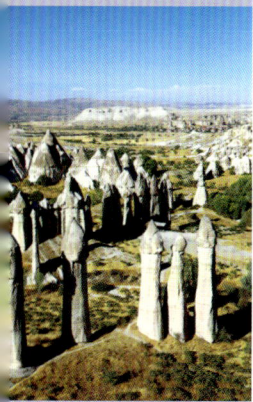

3 格雷梅和卡帕多西亚
Göreme National Park and the Rock Sites of Cappadocia
● **1985，综合遗产**

位于安纳托利亚高原中央的卡帕多基亚石林，是一片奇石怪岩之地。数百万年前，卡帕多基亚东西面两座火山大爆发，火山灰泥形成了这片地形起伏的地区，风化及雨水的冲刷，刻出大地的线条，坚硬的玄武岩及石灰华突兀地挺立，或形成山谷，或磨出平滑洁白的石头波浪，更留下传奇的仙人烟囱、洞穴小区。卡帕多西亚石窟区内最重要的几处文明遗迹重点，一是格雷梅露天博物馆，一是策尔维（Zelve）外博物馆。前者以洞穴教堂著称，后者则是以绵延的奇岩山谷、仙人烟囱等景观取胜。此外，地下城更是令人叹为观止，是一个十分复杂的地下生活机制。

4 萨夫兰博卢
City of Safranbolu
● **1994，文化遗产**

早自13世纪开始，萨夫兰博卢就是东、西方贸易商旅必经的驿站，当时它是以制作马鞍和皮鞋为主的商城，到了17世纪时，黑海地区繁盛的商贸使萨夫兰博卢迈入巅峰期，富豪广建华宅，这些运用砖、木打造的奥斯曼宅邸，经过岁月、气候的考验留存至今，成为萨夫兰博卢最抢眼的特色，并于1994年跻身世界遗产之林。

5 哈图沙什：赫梯帝国首都
Hattusha: the Hittite Capital
● **1986，文化遗产**

赫梯在早期的安纳托利亚历史里，扮演着极重要的角色，是古代世界里足堪与古埃及匹敌的王朝帝国，双方曾兵戎多年，并签订和平条约，此时的埃及国王，正是史上鼎鼎有名的拉美西斯二世。哈图沙什正是赫梯帝国的首都，如今被列入《世界遗产名录》的，除了哈图沙什城墙遗址之外，还包括附近亚兹里卡亚（Yazılıkaya）这个宗教圣地的岩石雕刻以及阿拉贾霍育克（Alacahöyük）的狮身人面门。

6 棉堡
Hierapolis-Pamukkale
● **1988，综合遗产**

棉堡的土耳其语名为帕慕卡莱，Pamuk 意指"棉花"，Kale 是城堡的意思。自古以来，棉堡除了自然景观，也以温泉闻名，前来沐浴疗养的游客始终络绎不绝，自然而然形成庞大的聚落及城市。希耶拉波利斯（Hierapolis）与棉堡的石灰棚紧紧相连，占地广阔的神殿、剧场、城门、市场、浴场及墓地遗迹，虽然曾两度经历地震毁灭，却无损其结合大自然与古文明所展现的伟大风华。

7 内姆鲁特山
Nemrut Dağı
● **1987，文化遗产**

坐落在安纳托利亚高原东南侧的内姆鲁特，以矗立在峰顶的人头巨像著称，是公元前 1 世纪科马吉尼王国（Commagene Kingdom）国王安提奥克斯一世（Antiochus I）所建的。当初安提奥克斯一世所下令建造的，是一处结合了陵墓和神殿的圣地，中间以碎石堆建高 50 米的锥形小山，就是安提奥克斯一世的坟丘，东、西、北三侧辟出平台，各有一座神殿，自左至右的巨石像分别是狮子、老鹰、安提奥克斯一世、命运女神提喀、众神之王宙斯、太阳神阿波罗、大力神赫拉克勒斯，每一座头像都高 2 米。

8 迪夫里伊大清真寺和医院
Great Mosque and Hospital of Divriği
● **1988，文化遗产**

安纳托利亚高原的中部地区于公元 11 世纪初被突厥人征服，1228—1229 年，苏丹艾米尔·阿何密特·沙（Emir Ahmet Shah）在迪夫里伊这个地方盖了一座大清真寺，与它相连的则是一座医院。清真寺有一间祈祷室、两个穹顶，其穹顶建筑的高超技法及出入口繁复的雕刻，相较于内部墙壁的素雅，恰成对比。土耳其清真寺很多，唯独这座被列入《世界遗产名录》，足见其在伊斯兰建筑史上的意义。

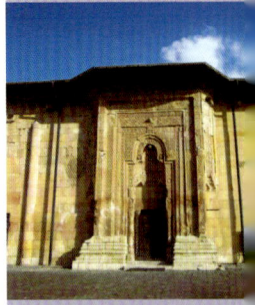

市场大采购

土耳其
伴手礼

对喜欢买民俗特产，又懂得杀价的人来说，土耳其是个购物天堂，而伊斯坦布尔的室内大市场及埃及市场，就是最有趣的买逛据点。而离开伊斯坦布尔，每个城市也都有不同的特色纪念品。

1 食材及日用品

蜂蜜

土耳其的黑海地区盛产蜂蜜，而土耳其甜点更是离不开蜂蜜，市面上有卖纯蜜汁的，也有内含蜂巢的。

香料

市场里到处可以看到一桶桶堆积如山的香料，懂门道的还可以称斤论两、跟老板讨价还价，否则建议购买香料组合包，包装完整，方便携带，有细粉装，也有颗粒式，附送磨香料的小设备。

苹果茶及各式花果茶

虽然土耳其人喝的是正统不加味的红茶，但游客就认苹果茶。商业利益在哪里，生意就得做到哪里，于是在市场或旅游区，商家摆出一盒盒包装好的苹果茶茶包，大小任君选择，连各种加味茶也跟着风行起来，柠檬茶、红花，不一而足，在这个茶的国度，什么都能入茶的。粉末状的苹果茶是专卖给游客的，也可以选择那些一桶桶、带着干燥果粒的各种口味的花果茶，现买现称，商家立刻为顾客真空包装，回家煮好后，再视个人口味加糖或蜂蜜。

橄榄油

土耳其的爱琴海、地中海地区到处种植着橄榄树，所产的橄榄油也是闻名世界。土耳其的蔬菜沙拉可口，除了蔬果新鲜外，高质量的橄榄油也是美味的秘密所在。

橄榄油香皂

别看这种香皂其貌不扬，闻起来也没什么诱人香味，但保证橄榄油香皂绝对纯天然、不卖噱头，打起来的泡沫极为细致。

葡萄酒与茴香酒

虽然土耳其的葡萄酒不如欧洲那么有名，但也是一个重要的葡萄产区，卡帕多西亚地区自古闻名，而以仙人烟囱为造型的葡萄酒，只有在卡帕多西亚才买得到。而在以弗所近郊的徐林杰山城（Şirince），则以一种水果酒出名。至于茴香酒（Rakı）号称土耳其国饮，到处都看得到。

2 土耳其传统手工艺品

金饰品

土耳其人爱金的程度绝不输给中国人。这里的金饰品做工精细，含金量多为18K以上。市场里金光闪闪的橱窗格外吸引人。

绿松石首饰

在市场常可以看到一种不透明的蓝色岩石饰品，很多人不认识，其实它就是绿松石（Turquoise），又名土耳其石，从其原文与土耳其名字字符相似，就可以知道这种矿石和土耳其渊源有多深厚。绿松石的价值随颜色从绿到蓝而上升，品相极好的是蓝色夹杂着金色矿脉的。

乐器

土耳其传统乐器不但乐音美，而且造型特殊，即使不会拨弄，买个简单的乐器当挂饰也很有意思。

银铜制品

土耳其的银制品价格亲民，除了日常器皿外，还有珠宝盒、首饰等，多是称重计价。精细铜雕也是手艺不凡，也有当街制作的铜雕挂饰。

海泡石烟斗

上好的海泡石（Sepiolite）产于土耳其地中海沿岸地区，因为质地轻、软，加工容易，常拿来雕刻成各种装饰品，最常见的就是海泡石烟斗（Meerschaum）。未使用过的海泡石是白色的，因为可以吸附尼古丁，用久了就会转变成琥珀色。

地毯

地毯（Carpet）和土耳其的历史有很深远的关系，既是艺术品也是最大的外汇收入之一。另一种为平织毯（Kilim），不像地毯那么厚，也便宜许多。采购地毯是一门大学问，便宜的几千美元，贵则数万至数十万美元，若非有一大笔预算，一般人很少消费得起，毛的、棉的、丝的、或混纺的，价格差别很大；另外每一平方厘米有多少"结"（Knot）、织得平不平整、染料是不是天然、花纹图案的典故……都要花不少力气研究。

陶瓷制品

土耳其最主要的陶瓷制品出自两个地方，一是离伊斯坦布尔较近的库塔亚（Kütahya）所生产的伊兹尼瓷砖，另一个就是卡帕多西亚的阿瓦诺斯（Avanos）。由于不能崇拜偶像，所以伊斯兰教世界都善于处理花鸟图案，土耳其也不例外，特别是产于土耳其的国花郁金香和康乃馨花草，最普遍而漂亮。

民俗服饰

色彩对比强烈、装饰厚重的民族服装，特别是帽子深受游客喜爱，其他民族服饰，如鞋子、服装，也很吸引游客的目光。此外跳肚皮舞穿的各式舞衣市场里也应有尽有，就看敢不敢穿。

丝巾

伊斯兰教国家的女性都得包头巾，所以丝巾也成为她们最重要的装饰品，阿拉伯纹路和艳丽的色彩确实非常吸引目光。

红茶托盘杯组及咖啡壶

　　红茶店送茶的托盘是最受欢迎的纪念品，配一整套的杯、盘、汤匙，更是土耳其味十足，放在家中赏心悦目，而且有实用价值。各种花色齐全，讲究的连托盘、杯匙都镀金刻细花，价格也因此落差很大。红茶托盘及杯组其实也是土耳其家庭的民生用品，所以建议到埃及市场旁的市场买比较便宜，这里还可买到煮咖啡的铜壶、两段式的煮咖啡壶等。

伊斯坦布尔

摊开伊斯坦布尔地图，整个城市被博斯普鲁斯海峡（The Bosphorus）、马尔马拉海（Sea of Marmara）、金角湾（Golden Horn）切成三大块，右边属于亚洲，左边属于欧洲，上半部是新城区，下半部属于老城区（又称为历史半岛区），这里可以说是旧世界的首都，也是帝国的花园。在伊斯坦布尔，多数人是从老城的苏丹艾哈迈德区开启旅程的，几乎重要古迹都集中在伊斯坦布尔历史区，这里绝对是镜头不容错过的对焦点。新城是伊斯坦布尔与西方接触的一扇窗，各民族在此交会，其建筑也呈现各个民族不同的特色，在这里你可以欣赏平衡的最高境界——旋转舞。没有一位游客会放弃搭游船顺着博斯普鲁斯海峡到黑海沿岸旅游，登高眺望博斯普鲁斯海峡与黑海的交汇，多尔马巴赫切宫也为博斯普鲁斯海峡增添更多光彩四射的魅力。

伊斯坦布尔交通

如何到达——飞机 ⊙ →

从国内直飞伊斯坦布尔的航空公司主要有土耳其航空公司（仅限北京和上海两地）及中国南方航空公司。选择南航可以在乌鲁木齐往返。其他转机航班主要有阿联酋航空（迪拜转机）、卡塔尔航空（多哈转机）、汉莎航空（法兰克福转机）、荷兰皇家航空（阿姆斯特丹转机）、阿提哈德航空（阿布达比转机）。

伊斯坦布尔有两座机场，一座是位于亚洲区的萨比哈格克琴国际机场（Sabiha Gökçen），另一座是位于欧洲区市中心（老城苏丹艾哈迈德区）西边23千米耶西勒廓伊（Yeşilköy）区的阿塔图尔克国际机场（Atatürk Hava Limanı），这座以土耳其国父阿塔图尔克为名的国际机场，是土耳其的主要出入门户，大部分国际航线及主要国内线都在这里起降。机场有租车服务、钱币兑换服务（24小时营业）以及游客服务中心。

☎ 212 663 0793

🖳 www.ataturkairport.com

机场巴士

如果住在塔克西姆广场附近，可以搭乘机场巴士，就在机场出境大厅的出口，车程约40分钟至1小时。行驶路线为：机场 → Bakırköy Sea Bus Pier → 阿克萨赖（Aksaray） → Tepebaşı → 塔克西姆广场。如果要前往旧城的苏丹艾哈迈德区，必须在阿克萨赖下车转搭地面电车。

☎ 212 243 3399

🕐 4:00至次日1:00，每30分钟1班

¥ 10里拉

地铁

在国际机场出境大厅顺着Hafif Metro的指示往下走，可以搭乘地铁到达Zeytinburnu或终点站阿克萨赖，然后再转搭地面电车前往老城的苏丹艾哈迈德区。

🕐 6:00至次日0:15，每5～20分钟1班

¥ 1.4里拉

出租车

机场出口有排班的黄色出租车，从机场到老城的苏丹艾哈迈德区，要25～30里拉，午夜过后，夜间计费加收50%。

市区交通

地面电车

地面电车是伊斯坦布尔最方便的大众运输工具，老城区从码头边的艾敏厄努（Eminönü）经苏丹艾哈迈德区（Sultanahmet），贯穿整个伊斯坦布尔老城的主要景点，一直到城墙边的 Zeytinburnu。从老城穿越加拉塔桥到新城的 Karaköy，终点站则是 Kabataşı。从 Zeytinburnu 可以延伸到城墙外的 Bağcılar，这是一条新开发的路线，已经远离主要旅游区，伊斯坦布尔居民通勤居多。

🕐 6:00－24:00

💴 上车必须购买称为 Jeton 的代币，一段票 1.4 里拉

地铁／地下缆车

伊斯坦布尔的地下建设很少，在挖掘过程中碰到古迹是一大难题，因此地铁还在发展阶段，路线也很简单。其中最主要的一条主线行驶于机场和阿克萨赖的机场地铁，行驶时间为 6:00－24:00，上车必须购买 Jeton 代币，一段票 1.4 里拉。新城的 Karaköy 和 Tünel 之间有一种斜升陡降的地下铁，兴建于 1875 年，搭乘起来好像是游乐园里的游戏机，只有一站，行驶时间约 3 分钟，票价 0.9 里拉。由于地面电车在新城区只通行到 Kabataşı，如果要从这里直达塔克西姆广场，则要搭乘 Funiküler，每 5~10 分钟 1 班，票价 1.4 里拉。

巴士

伊斯坦布尔的巴士四通八达，但路线非常复杂。老城的公交车总站位于艾敏厄努，新城的公交总站在 Taksim。标示着"İETT DURAK"的公车站牌表示为公营，必须先在白色售票亭购票；民营的"Özel Halk Otobüsü"则是上车购票，车票得一次购买 5 张。

出租车

伊斯坦布尔到处行驶着黄色的出租车，夜间（0:00－6:00）加收 50% 费用，按表计费，过博斯普鲁斯桥时要额外加收过桥费。起步价白天（GÜDNÜZ）2 里拉，夜间（GECE）2.7 里拉。

共乘小巴

Dolmuş 指的是有固定路线的共乘小巴，车体和出租车一样都是黄色，可乘坐 8 人。老城的锡尔凯吉（Sirkeci）车站附近都有招呼站，满座之后开车。

郊区火车

伊斯坦布尔有两条郊区火车，一条沿着马尔马拉海行驶于老城区外围，以锡尔凯吉火车站为起点，以哈卡立（Halkal）为终点，然后通往欧洲；另一条则在伊斯坦布尔亚洲区的哈伊达帕夏（Haydarpaşa）车站，可以通往土耳其国内其他地区。这两条路线多为伊斯坦布尔当地通勤族使用，游客很少搭乘。

渡轮

往来欧亚大陆之间仍以水路最方便。目前主要有接驳渡轮（Vapur）和水上巴士（İDO, İstanbul Deniz Otobüsleri）两种。"接驳渡轮"位于旧城区的艾敏厄努码头，班次及航线随季节调整，码头售票亭有时刻表，船票使用 Jeton 代币。"水上巴士"则是一种快速渡轮，位于老城区的 Yenikapı 码头。除了伊斯坦布尔地区固定路线的游船，也有快船穿越马尔马拉海到亚洛瓦（Yalova）（可前往布尔萨）及 班德尔马（Bandırma）（可以前往伊兹密尔）。新城区主要码头为卡拉寇伊（靠近加拉塔桥）、Beşiktaş、Kabataş（靠近多尔马巴赫切宫），"水上巴士"主要位于新城区的 Kabataş 和 Bakrköy 码头。

优惠票券

Akbil 交通卡形似一只开罐器，是一种预付式的交通票券，从巴士、地铁、电车到渡轮，几乎所有伊斯坦布尔的交通工具都可以使用。如果需要在伊斯坦布尔停留多天，购买这种交通卡除了可以省去买票的麻烦，还可享有折扣。在艾敏厄努、Taksim 的公交车总站或地面电车车站写有"Akbil Satl Noktaşi"标志的地方都可以购买，得先付 10 里拉押金及预付金额，而写有 Akbil 24 的机器则是 24 小时自动充值机。

旅游咨询

文化及旅游局
The Ministry of Culture & Tourism
🌐 www.tourismturkey.org
www.turizm.gov.tr

阿塔图尔克国际机场
Atatürk International Airport
🏠 国际机场入境大厅里
☎ 212 573 4136
🕐 24 小时

Sultanahmet Meydanı
🏠 位于赛马场东北边
☎ 212 518 8754
🕐 9:00–17:00

Sirkeci Garı
🏠 锡尔凯吉车站内
☎ 212 511 5888
🕐 9:00–17:00

Bayazıt Sq
🏠 Hürriyet Meydanı
☎ 212 522 4902
🕐 周一至周六 9:00–17:00

Hilton Oteli Girişi
🏠 邻近塔克西姆广场，伊斯坦布尔希尔顿饭店前的拱廊
☎ 212 233 0592
🕐 周一至周五 9:00–17:00

Karaköy Yolcu Salonu
🏠 加拉塔桥边，新城这一端
☎ 212 249 5776
🕐 周一至周六 9:00–17:00

精华景点

历史半岛区（老城）

　　摊开伊斯坦布尔地图，整个城市被博斯普鲁斯海峡（The Bosphorus）、马尔马拉海（Sea of Marmara）、金角湾（Golden Horn）这大片水域切成三块，右手边那块属于亚洲，左手边属于欧洲，上半部是所谓的新城区（Beyoğlu），下半部则被称为老城，又可称为历史半岛，这里可以说是旧世界的首都，也是帝国的花园。从二十世纪下半叶以来，伊斯坦布尔城区范围不断向外扩张，然而这块小小的半岛，始终是伊斯坦布尔的历史文化中心，亦承载了千余年来帝国的兴衰起落。

　　把地图再拉近一点儿看，整个历史半岛又可分成几个区域：在半岛顶端的是苏丹艾哈迈德区（Sultanahmet），也是老城区的历史中心，在其西侧则是室内大市场所在的贝亚济区（Beyazıt），北侧则为交通繁忙的艾敏厄努区，包括艾敏厄努港和锡尔凯吉国铁车站（Sirkeci）都位于这区。

　　游客来到伊斯坦布尔，几乎都是从苏丹艾哈迈德区开始的。被联合国批准列入《世界遗产名录》的伊斯坦布尔历史区（Historic Areas of İstanbul），几乎重要古迹都集中在这里，包括托普卡珀宫、圣索菲亚大教堂、蓝色清真寺、赛马场等，是奥斯曼帝国时代皇室贵族活动的范围。

　　而平民百姓作息活动的地区在不远处的贝亚济区，市场、小吃店到处林立。这两区以迪旺尤鲁街（Divanyolu Cad.）连接，现在是旧市区游客活动最热闹的地方，有许多大众食堂、旅行社、书店、民艺品、甜饼屋、烤肉串店、土耳其传统茶屋和土耳其浴室。

　　往北侧水域的方向走，是艾敏厄努区，又因为锡尔凯吉国铁车站位于此，也称作锡尔凯吉。以跨越金角湾的加拉塔桥（Galata Köprüsü）为中心，由于是旧城区通往新城区的最重要关口，又是诸多渡轮站的集合地、巴士总站，所以常是人山人海，尤其摊贩特别多。而临着水面，鲁斯坦帕夏清真寺（Rüstem Paşa Camii）和新清真寺（Yeni Camii）也构成了老城壮观的天际线。

**蓝色
清真寺**
(Sultanahmet
Camii)

🏠 Hippodrome, Sultanahmet
🚇 电车 Sultanahmet 站步行 2 分钟，与圣索菲亚大教堂遥遥相对
☎ 212 518 1319
🕐 除了每天 5 次的礼拜，其余时间都开放
💰 免费，但在出口处可自由捐赠些零钱

MUST-VISIT PLACES
必游之地

与圣索菲亚博物馆相对而立的蓝色清真寺，可能是伊斯兰教世界最优秀的建筑师锡南（Sinan）最大的憾事。锡南赋予原本是教堂的圣索菲亚优雅的奥斯曼伊斯兰教气质，但处于奥斯曼帝国国势达到顶峰时期的锡南，更期待将改建圣索菲亚教堂的心得能够发扬光大，盖出比圣索菲亚更伟大的清真寺，且最好就盖在圣索菲亚正面。

锡南一生在伊斯兰世界设计建造了许多座清真寺，但终究无法一偿宿愿，反而是他的得意弟子 Mehmet Ağa 以土耳其最著名的伊兹尼（Iznic）蓝瓷砖、郁金香等奥斯曼的花草图腾，盖出蓝色清真寺，巍然耸立在圣索菲亚教堂对面，成为游人最钟爱、话题最多、游客人数当然也最多的伊斯坦布尔名胜。

然而从建筑的角度来看，Mehmet Ağa 的作品终不能超越锡南的成就，特别是锡南为奥斯曼清真寺立下的十字架圆顶结构，以及完整又开放的广场公共空间设计；

蓝色清真寺一言以蔽之，是锡南建筑精神的延伸，但对伊斯坦布尔人来说，其成就依然低于锡南在伊斯坦布尔真正的两大杰作——苏莱曼清真寺（Süleymaniye Camii）及鲁斯坦帕夏清真寺（Rüstem Paşa Camii）。

蓝色清真寺得名于伊兹尼蓝瓷砖的光彩，它真正的名称应该是苏丹艾哈迈德清真寺，可以说是伊斯坦布尔旧市街的中心，与圣索菲亚教堂相对而立，这相隔不到 200 米的"大"建筑物，10 支伊斯兰教尖塔，构筑了伊斯坦布尔最著名的天际线。

蓝色清真寺完成于公元 1616 年，大圆顶直径达 27.5 米，高 43 米，另外还有 4 个侧圆顶以及 30 个小圆顶串成的回廊；而蓝色清真寺的叫拜塔多达 6 根，世间绝无仅有，据说是因为当年的建筑师误会了苏丹的指令，把"黄金"（Altun）听成了"六"（Alti）。

蓝色清真寺的美有几个观察重点，第一是光线。室外光线穿过 260 扇小窗，在融入昏黄、呈圆形排列的玻璃灯光中，幻光明舞，像是个虚拟的空间。蓝色清真寺的彩绘玻璃色彩缤纷，在清真寺中是少见的。

第二是伊兹尼蓝瓷砖。整座清真寺装饰着 2 万片以上的伊兹尼蓝瓷砖，晶莹剔透，红（特殊的伊兹尼红）、蓝、绿彩的郁金香花色，细腻精致，可以说是蓝色清真寺最宝贵的资产。

第三是地毯。寺内铺满的地毯大有来头，红绿搭配非常抢眼。整体呈现伊斯兰教文化中代表神圣的绿色，是来自埃塞俄比亚的朝贡品。

第四是阿拉伯的艺术字。支撑大圆顶的 4 根大柱很值得观看，直径有 5 米宽，槽纹明显，有"大象的脚"之称。柱头蓝底金字的阿拉伯文，和挂在柱身黑底金字的阿拉伯文，都是艺术品。

苏丹艾哈迈德广场
(At Meydanı Sultanahmet Square)

- Divan Yolu Cd., Istanbul
- 电车 Sultanahmet，就在老城区的正中心
- 全天
- 免费

必游之地
MUST-VISIT PLACES

蓝色清真寺旁有块留下许多传奇的长形空间，现名为苏丹艾哈迈德广场。这是罗马帝国时的竞技场（Hippodrome），在奥斯曼时代，是苏丹及贵族们娱乐的赛马场，如今是游客和伊斯坦布尔市民休憩的广场。广场的历史纪念物——喷泉亭以及三座纪念碑，值得合影留念。拜占庭式的喷泉亭是 1898 年日耳曼皇帝威廉二世送给苏丹阿卜杜勒·哈米德二世（Abdülhamid Ⅱ）的，又名德意志喷泉。三座纪念碑均是拜占庭帝国赫赫战功的体现："君士坦丁纪念柱"（Column of Constantine）是 9 世纪时君士坦丁七世所打造，高 32 米，也是毁损最严重的纪念柱；中间的蛇柱（Column of the Serpent）半截在地下，黑黝黝的柱身上缠着 3 条大蛇，柱高 8 米，是现存最古老的希腊时代纪念碑；另一头的埃及方尖塔（Obelisk）来头更大了，是目前整个伊斯坦布尔年代最久远的历史纪念物。

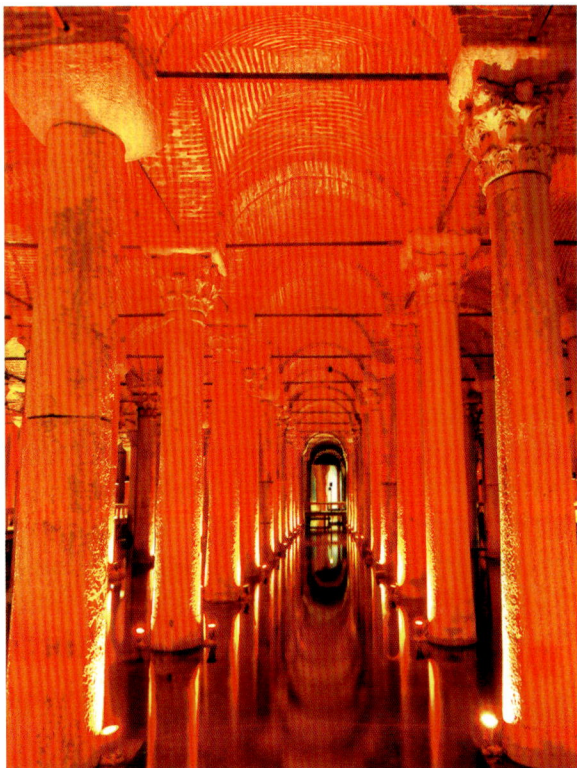

地下宫殿
(Yerebatan Sarnıçı)

- 🏠 Yerebatan Caddesi 13, Sultanahmet
- 🚊 电车 Sultanahmet 站，就位于蓝色清真寺和圣索菲亚大教堂之间
- ☎ 212 522 1259
- 🕐 9:00–18:00
- ¥ 10 里拉
- 🌐 www.yerebatan.com

　　地下宫殿是昔日的储水池、军事弹药库，现在是找寻浪漫空间、拜占庭传奇、服装秀表演场所和古典音乐会的最佳选择。地下宫殿的石柱以 12 列排列，一根根从水底直升而起，宛如一片柱林。走下 52 级石阶梯，直走到头再左转，最神秘的泪柱就出现在眼前。泪柱其实是柱身上有树纹及孔雀眼的纹路，自贝亚吉区的一处集会广场取来，纪念当年死于建造地下宫殿的数百名奴隶。

圣索菲亚博物馆

(Aya Sofya 'Hagia Sophia')

🏠 圣索菲亚大教堂醒目，就位在老城区 Sultanahmet 的正中心

🚏 Aya Sofya Meydanı, Sultanahmet，电车搭至 Sultanahmet 站

☎ 212 522 1750

🕐 9:30–16:30，周一休馆

¥ 20 里拉

必游之地
MUST-VISIT PLACES

　　起初的圣索菲亚大教堂由查士丁尼大帝建造，是最能展现希腊东正教荣耀及东罗马帝国势力的教堂，同时也是拜占庭建筑的最高杰作。公元 562 年建成之时，是当时世界上最大的建筑，高 56 米、直径 31 米的大圆顶，历经千年不倒。从教堂到清真寺，再变成现在两教图腾和平共存的模样，圣索菲亚够传奇、够独一无二。其兴建及改建者都是基督教世界及伊斯兰教世界数一数二的建筑师——锡南及瑞士的佛萨提兄弟（Fossati）。

　　锡南用拜占庭式的广场布局及圆顶十字架结构，让圣索菲亚教堂在旧有架构中增添新的奥斯曼风格。而佛萨提兄弟整建的部分，包括加强圆顶及穹隆、增加东南

边尖塔的高度、清理出被遮盖的马赛克，不适合出现的东正教图腾则改以石灰盖住。写有《古兰经》或安拉及先知名字的圆盘，至今仍挂在圣索菲亚教堂圆顶四周和基督形象画等马赛克镶嵌画互相映衬，烘托出圣索菲亚不可思议的空间氛围。抬头望去，圣索菲亚大圆顶下写着"安拉"和"穆罕默德"的大字和更高处的《圣母子》马赛克镶嵌画，自然地同聚一堂，伊斯兰教和基督教在此共存，这样独特的画面绝对是镜头中难得一见的风景。

托普卡珀宫博物馆

(Topkapı Sarayı)

- Soğukçeşme Sokak, Sultanahmet
- 从圣索菲亚大教堂往后步行约 100 米，可达帝国之门
- 212 512 0480
- 9:00~17:00，周二休息
- 皇宫 20 里拉（16:00 停止售票），后宫 15 里拉（15:00 停止售票），分开售票，后宫门票在后宫入口处购买
- www.topkapisarayi.gov.tr

MUST-VISIT 必游之地 PLACES

从圣索菲亚博物馆往后步行 100 米可达托普卡珀宫的帝国之门。这个主宰土耳其历史长达数个世纪的深宫御院，其建筑物本身和一件件的宝物展示，都值得细细品味。托普卡珀的陆地城墙有 1.4 千米，总面积达 700 万平方米，最多时候住了 6 000 多人，是君士坦丁堡的城中之城。在 450 年的帝国历史中，36 位苏丹中的一半以托普卡珀宫为家，后宫的秘史及血腥传奇更是令人神往，连莫扎特的歌剧也要上演这出以奥斯曼后宫生活为场景的《后宫诱逃》。1924 年，土耳其国父凯末尔将托普卡珀皇宫博物馆对一般民众开放，才使它成为一座博物馆。参观区域分为四大庭院、亭台楼阁、生活空间及用品展示等。

文物
博物馆
(Istanbul
Arkeoloji
Müzesi)

🏠 Osman Hamdi Bey Yokuşu, Gülhane
📧 文物博物馆位于托普卡珀皇宫范围内，
　　过了帝国之门第一庭院左转前行即达
☎ 212 520 7740
🕐 9:30-17:00，周一休息
💴 10 里拉

必游之地
MUST-VISIT
PLACES

　　作为拜占庭及奥斯曼两大强盛帝国的首都长达 2 000
年，伊斯坦布尔拥有考古及文明演化史上的重要收藏，
特别是从史前到今日，小亚细亚及安纳托利亚高原一直
是文明交会合流的焦点，丰富的文化资产也使得博物馆
的馆藏超过百万件。整座博物馆主要分成三栋建筑，一
进门的右手边是主馆——考古博物馆；左手边是古代东
方博物馆；主馆对面则有一座瓷砖博物馆。主馆又分为
旧馆与新馆，重要展品大多陈列在旧馆，新馆的一楼有
儿童馆和与伊斯坦布尔相关的历史文物，二楼展示伊斯
坦布尔发现的雕刻，三楼则是以特洛伊出土的文物为主，
四楼有塞浦路斯、叙利亚、黎巴嫩出土的文物。而 19 世
纪发现的石棺则是博物馆的镇馆之宝。

埃及市场
(Mısır Çarşısı)

♥

🏠 Cami Meydanı Sokak, Eminönü
🚆 电车站 Eminönü，就在新清真寺附近
🕐 周一至周六 8:30–19:00

星级推荐

　　埃及市场（香料市场）和新清真寺的摊贩连成一气。这座 L 形的建筑物约建于 1660 年，是新清真寺建筑群的一部分，四周摊贩卖的都是家庭用品及民生食材。如果想买土耳其特产或纪念品，这里也是较好的选择。现今卖香料的商家比以前少多了，不过要看各式各样的香料一字排开的情形还真只有这里才有。

**室内
大市场**
(Kapalı Çarşı)

🚌 游客逛大市场大多是由贝亚济门（Beyazıt
Kapısı）进入，因为顺着迪旺街而行的电车在大
市场前停站，站名就是 Beyazıt

🕐 周一至周六 8:30-19:00

MUST-VISIT
必游之地
PLACES

　　这里的商家多以美金现金讲价，同样的物品大市场
外通常只有不到一半的价格。假如没时间，也不想担风险，
那么至少要求付土耳其里拉会比较划算。

　　这里号称是中东最大的市场，总共有 20 多个出口，

店铺多得数不清，有人说有 5 000 家，有人打赌至少有
6 000 家，无论如何，在这个密布着大大小小 20 多条街
道的大市场内，想不迷路都难。大市场建于 1460 年，
至今仍保留着两座拥有圆顶的石造建筑，分别是以珠宝
首饰为主的 İç Bedesten 和以布料纺织品为主的 Sandal
Bedesteni。大市场里卖的多半是土耳其的民俗工艺品以
及纪念品，除了银器、琥珀是称重卖，其他纪念品建议
从三折谈起，而且要货比十家，因为每一家店卖的物品
大同小异。据说这里也是世界上最大的珠宝黄金市场，
满玻璃橱窗的金光照得人睁不开眼。逛累的时候不妨坐
下来，品尝过土耳其红茶、咖啡，还能抽水烟。一整天
的扫街采购行程结束后，最后可以选择去大市场附近的
土耳其浴场，让疲累但十分满足的身心得到放松。

卡里耶博物馆
(Kariye Müzesi)

🏠 Kariye Camii Sokak 26, Edirnekapı

🚌 从贝亚吉搭 86E 往 Edirnekapı 方向，或从托普卡珀宫搭小型巴士 37 号，在 Kariye 站下车后，往前走到第一条路 Kariye Camii Cad. 右转走 5 分钟

☎ 212 631 9241

🕐 周四至下周二 9:00–17:30

💴 15 里拉

　　卡里耶博物馆（Kariye Müzesi）其实是一座教堂，教堂墙上的 13—14 世纪绝美的马赛克镶嵌画作直至 20 世纪中叶才再度绽放金色光芒。参观一次博物馆的马赛克镶嵌画以及湿壁画，就相当于读了一次《圣经》。教堂的空间从一进门的墙面及圆拱上，都在叙述基督及圣母的一生，从《天使报喜》《基督诞生马槽》《基督行使神迹》《基督赐福》《圣母的生与死》到各位圣徒使者等，共约 50 幅画，每一幅虽都略显残破，但画中人物表情栩栩如生，色泽依然完整，即使历经数百年的尘封，仍具有较高的艺术价值。在教堂外廊和内廊圆拱的画面之外，主圆顶入口上方的《圣母升天》则是其中最值得细细观察的一幅，它的人物布局和远近透视是拜占庭晚期画风的最佳阐释。

苏莱曼清真寺
(Süleymaniye Camii)

🏠 Prof. Sıddık Sami Onar Caddesi

🚋 电车 Beyazıt 站下车，穿过伊斯坦布尔大学前广场，朝左方的道路一直走，约 13 分钟

☎ 212 514 0139

🕐 6:00-20:00

💴 免费

❗ 需脱鞋，女性需穿有袖上衣、长裤或长裙、包头巾，如果没有头巾，可向门口的寺方管理员自行借取

苏莱曼清真寺（Süleymaniye Camii）可以说是伊斯坦布尔最大、最完整的建筑群，也是正统的奥斯曼建筑代表。它不以华丽取胜，而是通过空间来创造出崇高庄重感，谨守传统奥斯曼建筑的风格。其内部各空间紧密结合，各种造型的玻璃窗和红白砖拱的搭配，协调而不夸张。

大圆顶直径 26.5 米，高 53 米，由 4 根粗大的有"象腿"之称的石柱支撑；锡南以对称的手法装饰内部，细致的处理让清真寺有种清亮的美；彩绘玻璃窗是由当时最权威的玻璃工匠 Ibrahim 制造的，阳光穿透后的色泽美不胜收；寺内挂着的《古兰经》圆盘是土耳其最伟大的书法家的作品，此情此景用相机记录下来，便是光影动人的佳作。

新清真寺 (Yeni Camii)	🏠 Yeni Cami Meydanı, Sokak, Eminönü
	🚋 电车站 Eminönü
	☎ 212 527 8505
	🕐 除了礼拜时间，其余时间都开放
	¥ 自由捐献

　　新清真寺（Yeni Camii）位于加拉塔桥（Galata Bridge）南端，是艾敏厄努、金角湾一带最突出的建筑。"Yeni"在土耳其语中为"新"的意思，其实它也已经有400年历史了。外观造型上和蓝色清真寺、苏莱曼清真寺很接近，但由于它的四周围满了各式摊贩、民生小店而永远人声鼎沸，尤其是黄昏时的人潮，站在加拉塔桥上看，很是显眼。新清真寺外的广场，虽然人来人往，但站在这里的阶梯上能很好地欣赏城区，戴绿帽的加拉塔塔（Galata Kulesi）也可看得清清楚楚。

鲁斯坦帕夏清真寺
(Rüstem Paşa Camii)

🏠 Rüstem Paşa Mh 34116 Fatih/istanbul
🚃 电车站 Eminönü，从新清真寺出发，步行约 5 分钟
☎ 212 258 7760
🕐 除了礼拜时间，其余时间都开放
¥ 自由捐献

　　鲁斯坦帕夏清真寺尽管规模不大，却是一座建筑瑰宝，它是奥斯曼建筑最典型的代表。这座清真寺的参观重点，首先在于它的伊兹尼瓷砖，不论是外观立面的入口台阶、列柱门廊，还是内部的墙面、麦加朝向壁龛都镶嵌着最高等级的伊兹尼红瓷砖，有抽象图案，也有植物图形，可以说是整个伊斯坦布尔最好看的伊兹尼瓷砖。此外，由 4 根瓷砖柱所支撑的可爱小圆顶，更增添了整座清真寺的古典气息。

锡尔凯吉火车站 (Sirkeci Station)	🚃 地面电车 Sirkeci 站
	☎ 212 458 8834
	🕐 旋转舞表演时间：周三、周五、周日 19:30，周六 20:30（表演时间偶有变动，最好事先电话预约及确认）
	￥ 35 里拉

　　如果这只是一座火车站，当然没什么特别之处，它最吸引人的地方就是每周三次的旋转舞表演。虽然在伊斯坦布尔欣赏表演的"正宗"场地是在新城区的加拉塔梅芙雷维博物馆，但是一个月仅有一次的机会毕竟难遇。所以多数游客都是在锡尔凯吉火车站大厅欣赏旋转舞表演，而且火车站位于老城区的中心地带，一旁就有地面电车，交通十分便利。

新城

　　一般所说的新城，也就是贝欧鲁区，指的是金角湾北边那块陡峭的丘陵，过去是这座城市外国人居住的地方，从十字军东征时的热那亚人，到奥斯曼时期的犹太人、西班牙人、阿拉伯人、希腊人和亚美尼亚人，每个民族都有不同的居住范围。

　　新城是伊斯坦布尔与西方接触的一扇窗，各种民族在此交会，建筑也呈现各个民族不同的特色。虽然新城只比老城年轻数百岁，但是隔了一道博斯普鲁斯海峡，景观就是不太一样。在这里你可以欣赏和平的最高境界——旋转舞，也可以参观"东方快车谋杀案"的现场，更可以大快朵颐一番。

　　从旧城前往新城，必须跨越金角湾上的加拉塔桥或阿塔图尔克桥（Atatürk Köprüsü），一般多走加拉塔桥，可以从艾敏厄努步行过去，也可以从苏丹艾哈迈德区搭乘 T4 公交车到达塔克西姆广场。

伊斯提克拉尔路与塔克西姆广场

（İstiklal Caddesi &Taksim Meydanı）

🚇 İstiklal Caddesi Taksim 站
☎ 212 245 6876
🕐 全天
💴 免费
🏠 www.taksim.com

必游之地
MUST-VISIT PLACES

　　3千米长的伊斯提克拉尔路的建筑多为巴洛克风格或洛可可风格，这在伊斯坦布尔市内算是少见的。它最特别的一景是来回行驶的古董电车，从 Tünel 行驶到新城中心点塔克西姆广场的 Taksim，两节车厢都是木制的，常可看到大眼睛的土耳其小孩挂在车门或车后把上得意地朝路人招手。流行百货公司、欧洲及当地品牌、土耳其传统音乐、当地美食，所有伊斯坦布尔最时髦、最流行的商品都集中在这里。而伊斯提克拉尔路中段的齐杰奇顶篷通道（Çiçek Pasajı，花市）以及相邻的鱼市场（Balık Çarçisi）值得特意绕进去走一圈。从楼上俯瞰通道座位上

的老餐厅和一楼走道两旁的雅座区，装饰着瓦斯灯及花草，加上天光从玻璃屋顶倾泻而下，营造出非常独特的气氛。路口开放式的传统茶屋以及鱼市场的小吃都值得一试。

　　另一端的塔克西姆广场四周则是另外一种体验。这里是伊斯坦布尔最现代化的一带，马尔马拉大饭店（The Marmara）骑楼的露天咖啡座可以休憩，而广场上的"土耳其国父"凯末尔的纪念像则增添了几分肃穆的气氛。

加拉塔塔
(Galata Kulesi)

- 🏠 Galata Meydanı, Karaköy
- 🚇 由 Karaköy 站上行或 Tünel 站往回走
- ☎ 212 293 8180
- 🕐 9:00-20:00，夜晚表演从 21:00 开始到午夜结束
- 💰 搭电梯上顶楼 10 里拉
- 🌐 www.galatatower.net

星级推荐

从 6 世纪初建起，每位统治者都赋予了加拉塔塔不同的定义和功能；它曾经是黄金角上最闪耀的灯台，来自意大利的热那亚人后来移民卡拉寇伊（Karaköy）一带，于是加拉塔塔就成了监视这批新移民的监视塔，之后它又被当成牢房、天文台，这座塔发挥了它最大的功能。

现在所看到的加拉塔塔是 14 世纪大火后重建的，而它头上戴的帽子是后来不知何缘故加上去的，让它看起来带点儿漫画的味道。塔高度有 67 米，也是新城区的地标，在白天搭乘电梯登高加拉塔塔，无非是想一览新旧市街的全貌，这是游客不可省的一道仪式，在这离地 53 米高的景观平台上，可以 360° 欣赏伊斯坦布尔新旧城和金角湾、博斯普鲁斯海峡的景观。

白天安静的加拉塔塔会在晚上沸腾起来，因为最顶层的餐厅提供精彩又有点儿香艳的肚皮舞、民族舞及脱口秀表演，而且是台上台下一起起舞，来自世界各国的旅游客又闹又较劲，每个民族的特色都在这里显露无遗。

加拉塔梅芙雷维博物馆
(Galata Mevlevihane Müzesi)

🏠 15 Galip Dede Caddesi 15, Beyolu
🚇 Tünel 站
☎ 212 243 5045
🕐 周三至下周一 9:30-16:30
¥ 5 里拉，观赏旋转舞门票 25 里拉
❗ 由于座位只安排在圆形表演场的四周，不超过 200 个座位，所以不但要预订，还要早去占个视野角度佳的位置

必游之地
MUST-VISIT PLACES

　　从 Tünel 站前广场转进 Galip Dede 街内，有一处可以观赏土耳其最神秘、最多彩的旋转舞表演，这就是加拉塔梅芙雷维博物馆。它原本是伊斯兰苏非派（Sufi，伊斯兰教的神秘主义派别）僧侣修行的地方，1925 年凯末尔禁止苏非主义（Sufism，奉行禁欲主义及神秘主义）之后，此地以博物馆的形式保存下来，名为议政文献博物馆（Divan Edebiyatı Müzesi，以保存古典奥斯曼文学为主）。如今，这里最吸引人的自然是苏非派最闻名的旋转舞，由于演出时间并不固定，一个月只有一到两场，能遇上的都是幸运儿。在没有表演的时候，这里又恢复了博物馆身份供游人参观。大厅四周陈列了关于苏非派的服装、乐器、文件等展品，也不妨放慢脚步，了解一下。

军事博物馆
(Askeri Müzesi)

🏠 Vali Konağı Caddesi, Harbiye

🚇 位于塔克西姆广场北边 1 千米的 Harbiye

☎ 212 233 2720

🕐 周三至周日 9:00-17:00，15:00-16:00 之间有军乐队表演

¥ 4 里拉，携带相机 5 里拉

　　军事博物馆馆藏达 5 万件，其规模号称世界第二，展品从武器、军装、沙漠帐篷，到苏丹的出征服等，目前共有 22 间展览室，为好奇的参观者提供了一些奥斯曼军人所向披靡的历史佐证。下午三点前到军事博物馆还能欣赏到军乐队表演。军乐队的表演也十分精彩，各种拟奥斯曼军人的服饰、配件和杖旗都在响亮的乐声中亮相，据说奥斯曼的军乐队是全世界最早组成的军乐队。

博斯普鲁斯

三面水域带给伊斯坦布尔特殊的地理位置和历史定位，其中又以博斯普鲁斯海峡最为重要，它不但让伊斯坦布尔分属欧、亚两大洲，奥斯曼帝国更借着这片水域通过黑海，把势力从巴尔干半岛延伸到维也纳，而近代俄罗斯则一直企图染指土耳其，就是想为黑海找到海权的出口。

博斯普鲁斯海峡带给土耳其幸与不幸，幸好好运偏多，因为没有一位游客会放弃搭游船顺着博斯普鲁斯海峡到黑海沿岸，登高眺望博斯普鲁斯海峡与黑海的交汇，同时从 19 世纪中叶起成为奥斯曼苏丹新皇宫的多尔马巴赫切，也为博斯普鲁斯海峡增添更多华丽而光彩四射的魅力。

多尔马巴赫切宫
(Dolmabahçe Sarayı)

🏠 Dolmabahçe Caddesi, Beşiktaş

🚈 搭乘地面电车到终点站 Kabataş，步行可达

☎ 212 236 9000

🕐 周二、周三、周五至周日 9:00–16:00（冬天15:00）

💴 公共厅堂（Selamlık）15 里拉，连同后宫（Harem）门票 20 里拉。后宫的参观团和公共厅堂团是分开的，必须事前在入口处就购妥门票

必游之地 MUST-VISIT PLACES

由于新皇宫还担负着接待国宾及土耳其总统由首都安卡拉前来伊斯坦布尔时之用，所以对游客的管制非常严格，除了每天限制人数之外，还都要跟着皇宫导游，不能单独行动，同时在进皇宫时，都要检查随身行李，连相机都要被查验，挂证识别。

多尔马巴赫切宫显现出了帝国悲凉的华丽，它建于帝国国势没落之际，更给帝国带来几乎

无法负荷的财政压力。1856 年建成后，每一位苏丹都只能短暂地使用或居住在此，不到 70 年帝国便灭亡，苏丹及家人只能流亡到外国，无法重回多尔马巴赫切宫。

搭乘博斯普鲁斯海峡一周的游船，很难不被面海的多尔马巴赫切宫那 615 米长的壮丽大理石立面所吸引，巴洛克的繁复加上奥斯曼的东方线条，让多尔马巴赫切宫宛如博斯普鲁斯海峡皇后般尊荣，内部装潢丝毫不输给英国的白金汉宫。

19 世纪中叶，当老皇宫托普卡珀宫不敷使用也不够现代化时，阿布朵麦奇苏丹（Abdülmecit）就选择了原本是木造，面积又小的多尔马巴赫切皇宫，将之改建成富丽远超过欧洲任何一座皇宫的苏丹居所。皇宫建造于向大海延伸的人工基地上，而"多尔马巴赫切"在土耳其语中就是"填土兴建的庭院"之意。事实证明阿布朵麦奇苏丹眼光独到，因为借景博斯普鲁斯海峡，果然为这座新皇宫带来非凡的气势，严格来说远超过奥斯曼当时的国力了。

新皇宫和近代土耳其历史的关系还不仅于此。土耳其共和国第一位总统凯末尔以此为官邸，并在此和许多国家领袖会谈新土耳其的建国方略和世界和平，他最后也死于此地，皇宫中的每一座时钟为此停滞了时间，定时在九点零五分。

游客是从皇宫的南侧、有座巴洛克钟塔的宫门进出，门口的站岗卫兵交接仪式，也是参观的焦点。一入门面对的是天鹅喷泉及专供高级官员及政客出入的行政翼（Administrative Wing），游客也是从这里进入整座皇宫参观。

卡拉寇伊
(Karaköy)

- 🚊 地面电车、渡轮均有 Karaköy 站
- 🕐 全天
- 💴 免费

卡拉寇伊以每周日的假日市场闻名，只要摊贩、店家一开张，不论是滨海广场还是小巷弄，到处挤满了前来逛市场的民众，土耳其手工饰品是这个市场的招牌。游览这里的方式很简单，可以随意溜达，或者在水岸咖啡厅、茶馆欣赏博斯普鲁斯海景，晚餐推荐品尝这里的小吃 Kumpır。到了晚上，酒吧、夜店开张，夜生活更是精彩。

住在
伊斯坦布尔

阿卡迪亚酒店
Hotel Arcadia
⭐⭐⭐

🏠 Dr.İmran Öktem Caddesi No.1, Sultanahmet

☎ 212 516 9696

🌐 www.hotelarcadiaistanbul.com

　　该酒店拥有极佳的视野，懂门道的游客还会特意上到这家酒店的顶楼，一览博斯普鲁斯海峡前，蓝色清真寺和圣索菲亚博物馆两两相对的壮阔场景。酒店建筑本身是 19 世纪的老房子，面积都不大，但有的房间窗户一打开，就是蓝色清真寺，如果有幸住进这些景观房，也是难得的体验。

奥塞普皇家酒店
Orsep Royal Hotel
⭐⭐⭐⭐

🏠 Nöbethane Caddesi NO.10, 34113 Sirkeci

☎ 212 511 8585

🌐 www.orseproyalhotel.com

　　酒店隐身于老城区狭窄的巷弄间，走到必访景点集中的苏丹艾哈迈德区或金角湾附近的码头都十分方便。旅馆外表不起眼，6 层楼建筑，房间不大，但设备完善、设计新颖，顶楼可以眺望金角湾。房间内提供免费 Wi-Fi 服务。

最佳西方帝国宫殿酒店
Best Western Empire Palace İstanbul
⭐⭐⭐⭐

🏠 Hocapasa Mah. Hudavendigar Street, Sirkeci

☎ 212 514 5400

🌐 www.hotelempirepalace.com

　　该酒店由 17 世纪的奥斯曼房子所改装，地点绝佳，距离蓝色清真寺只有 400 米。因为是历史建筑所改装，所以到处充满古色古香的装饰，当然也附设了土耳其浴场和桑拿馆等设施。饭店的大厅、酒吧和花园简餐别具一格，而顶楼的阳台景观餐厅更能眺望博斯普鲁斯海峡。

伊斯坦布尔世界精英酒店
Elite World İstanbul Hotel
⭐⭐⭐⭐⭐

🏠 Şehit Muhtar Caddesi No.42, 34435 Taksim

☎ 212 313 8383

🌐 www.eliteworldhotel.com.tr

　　酒店距离热闹的伊斯提克拉尔路不远，短距离步行可到戏院、商店、地铁及巴士站。所有星级酒店该有的设施这里一应俱全，主要大厅有现场钢琴演奏，可以边欣赏音乐表演边用餐。餐厅能够提供土耳其和国际性菜肴，特别适合有商务需求的游客。

佩拉宫酒店
Pera Palas Oteli
⭐⭐⭐⭐⭐

🏠 98-100 Meş rutiyet Cad, Tepebaşı

🚇 地面古董电车 Tünel 站

☎ 212 251 4560

　　这家百年大饭店过去是搭乘东方快车的欧洲豪绅名媛们的下榻之所，推理小说女王阿加莎·克里斯蒂正是在这家五星级酒店的 411 房写下《东方快车谋杀案》的。这里没有现代化的电梯，只有老式、必须拉铁门的电梯，没有摩登设计的酒吧，只有百年不变、古色古香的"东方快车酒吧"，阿加莎及土耳其国父凯末尔住过的房间都保持原样。

马尔马拉酒店
The Marmara İstanbul
★★★★★

🏠 Taksim Meydanı, 34437
Taksim

☎ 212 251 4696

🌐 www.themarmarahotel.com

　　酒店位于塔克西姆广场旁边的商业中心地带，高楼层的 Marmara Club Lounge 可以 360° 俯瞰博斯普鲁斯海峡、金角湾风光以及伊斯坦布尔新旧城的天际线。就算不住在这里，也可以到顶楼餐厅享用餐点，餐厅提供的土耳其菜在伊斯坦布尔是数一数二的。

希尔顿伊斯坦布尔酒店
Hilton İstanbul
★★★★★

🏠 Cumhuriyet Caddesi, 34367
Harbiye

☎ 212 315 6000

🌐 www.istanbul.hilton.com

　　酒店坐落在 0.15 平方千米的花园里，高楼层可以远眺博斯普鲁斯海峡。顶楼餐厅提供的是土耳其菜和国际菜肴，视野极佳；而 Dragon 中国餐厅则在伊斯坦布尔享有盛名。该酒店占地辽阔，室内外都有游泳池，还有网球场、回力球场，慢跑道更长达 1 千米。

伊斯坦布尔博斯普鲁斯海峡四季酒店
Four Seasons Hotel İstanbul at the Bosphorus
★★★★★

🏠 Çırağan Cad. No.2834349,
Beşiktaş

🚌 搭渡轮至 Beşiktaş，或是
Four Seasons Hotel 位于
Sultanahmet 的饭店有换乘车

☎ 212 381 4000

🌐 www.fourseasons.com

　　该酒店由 19 世纪的奥斯曼宫殿改装而成，紧邻繁忙的博斯普鲁斯海峡。尽管是老屋改建，但内部装潢都有着现代极简风混搭奥斯曼的高贵典雅，两者充分融合。此外这里还有占地极广的水疗休闲中心、婚礼花园以及私人码头。

伊斯坦布尔塞拉宫凯宾斯基酒店
Çırağan Palace Kempinski
★★★★★

🏠 Çırağan Caddesi No.32,
Beşiktaş

☎ 212 326 4646

🌐 www.ciragan-palace.com

　　酒店保留了奥斯曼的皇宫气派，同时巧妙地借景博斯普鲁斯海峡，使露天咖啡座和游泳池似乎和海连成一片。原是 1872 年的奥斯曼皇宫，后来英国和日本的资金投入让它变身为五星级饭店。

大一世酒店
Grand Yavuz Hotel
★★★★

🏠 Piyerloti Cad. 72/B

☎ 212 517 1712

🌐 www.grandyavuzhotel.com

舞阳酒店
Uyan Hotel
★★★★

🏠 Cankurtaran Mah. Utangaç
Sok No.25 Sultanahmet

☎ 212 518 9255

🌐 www.uyanhotel.com

塔克西姆康纳克酒店
Hotel Konak
★★★★

🏠 Cumhuriyet Cad. No.75,
Taksim

☎ 212 225 8250

🌐 www.hotelkonak.com

瓦达尔王宫酒店
Vardar Palace Hotel
★★★★

🏠 Sıraselviler Cad. No.16, 34433
Taksim

☎ 212 252 2888

🌐 www.vardarhotel.com

博斯普鲁斯瑞士酒店
Swissôtel The Bosphorus
★★★★★

🏠 Bayıldım Caddesi No.2, Maçka
34357, Beşikta

☎ 212 326 1100

🌐 www.istanbul.swissotel.com

吃在
伊斯坦布尔

Tarihi Sultanahmet Köftecisi Selim Usta

🏠 Divanyolu Cad. No.12/10, Sultanahmet
☎ 212 513 6468
🕐 10:30—22:30

　　这家拥有 90 年历史的土耳其烤肉店，店面及装饰很朴实，但美名远播，主要是因其传统美味及价格实惠，而其不变的口味更是受到土耳其当地人的喜爱。店里供应的食物除了烤肉外，就是肉丸子，选择不多，所以很容易点菜，建议再加点一份沙拉及一杯土耳其传统酸奶饮料 Ayran。

CENNET

🏠 Divanyolu Cad. No.90, Çemberlitaş
☎ 212 513 5098

　　这是一家非常适合游客的餐厅，位于热闹的 Divanyolu Cad. 街上，靠近室内大市场，推荐包馅薄饼（Gözleme）及土耳其饺子（Mantı），煎包馅薄饼的妇女们围坐在餐厅的中央位置，客人就环绕着她们，或坐低桌矮凳，或半躺卧在土耳其地毯上，靠着靠垫，任由自己回到奥斯曼帝国时代。晚餐时分，店里还有传统的现场土耳其音乐表演。

Denizkızı Balık

🏠 Çakmaktaşı Sok. No.3/5 Kumkapı
☎ 212 518 8659

　　昆卡比（Kumkapı）区域临着马尔马拉海，紧邻着伊斯坦布尔最大的鱼市场，如今这个区餐厅林立，并以鲜鱼、海鲜料理、茴香酒和橄榄油拌沙拉为主要卖点，而享用餐点的同时，更有演奏土耳其传统音乐的乐团与客人同乐。

Darüzziyafe Türk Mutfağı

🏠 Şifahane Cad. No.6, Süleymaniye
☎ 212 511 8414
🕐 12:00—23:00

　　餐厅位于苏莱曼清真寺墙外，建于 1550—1555 年，最早是用作救济穷人食物的公众食堂，但被后来的苏丹用作宴会的场所，所以现在餐厅室内的部分还有当年大宴会厅的感觉。1991 年土耳其建筑师 Yetar Tarish 整建了这个美丽的空间，使之成为一家高格调的餐厅。

Pandeli

🏠 Mısır Çarşısı 1, Eminönü, Sirkeci
☎ 212 527 3909
🌐 www.pandeli.com.tr

　　一进埃及市场立刻左转弯上楼梯，就直通可俯瞰整个埃及市场大路的餐厅，再继续到另一处位于较里面的空间，则透光明亮，面对加拉塔桥，视野别有一番风味，忙碌的市场小贩和渡轮清晰可见，采光较好。这里提供土耳其传统菜肴，包括一种有香气的叶子包着米或肉的 Yaprak Dolması 类料理、茄子塞肉的 Patican Dolması、串烧羊肉 Şiş kdebabı 和土耳其肉丸子 köfte 等。

Gar

🏠 Mustafa Kemal Paşa Cad. No.3, Yenikapı
☎ 212 588 4045
🌐 www.garmusichall.com

这是一家结合了晚餐秀的餐厅，餐点普通，重点还是肚皮舞和土耳其传统舞蹈。餐厅可容纳750人，餐点都是已经大量准备好的制式套餐，主菜有肉、鱼、鸡可以选择。

Galata Kulesi

🏠 Galata Meydanı, Karaköy
🚌 由 Karaköy 站上行或 Tünel 站往回走
☎ 212 293 8180
🕐 餐厅 12:00–24:00，咖啡厅 9:00–20:00

加拉塔塔不仅是游客必访景点，这里的景观餐厅更享有全土耳其最好的视野。如果纯粹只是为了这里的景观，点杯咖啡、三明治或意大利面等轻食即可。而午晚餐都有一整套完整餐点，多半为土耳其菜。晚餐过后，则有香艳的肚皮舞、民族舞及脱口秀表演。

The Four Seasons Restaurant

🏠 Tünel, Istiklal Cad. No.509
☎ 212 293 3941

这里是伊斯提克拉尔路上最正统，也是最有名的传统土耳其餐厅，布置典雅，很有"东方快车"时代的复古风情。推荐菜有淋上 yogurt 的牛肉 Yaprak Sarma、炸奶酪春卷 Sigara Böreği、茄子塞肉 Karniyarik、淋上 yogurt 的水饺 Mantı、炸奶酪 Kaserpane-fried 以及土耳其式季节沙拉 Mmeusim Salatasi。

Haci Baba

🏠 İstiklal cad. No.39
☎ 212 244 1886

这家装潢明亮的餐厅，供应的是羊肉串烧或羊肉土耳其汉堡（kofti），除此之外还有 Begendi Kebabı、Tandır Kebabı，必尝的是羊肚汤（İşkembe Çorbası），加上大蒜及醋食用，非常美味。这家老店就在塔克西姆广场往伊斯提克拉尔路上的左手边。

Ceneviz Meyhanesi

🏠 İstiklal Cad. Çiçek Pasaji No.12
☎ 212 245 4945

坐落在齐杰奇顶篷通道（Çiçek Pasaji）内的海鲜餐厅，位于二楼，是俯瞰整个市场最好的角度，楼梯透露着历史感，是一家很传统的土耳其餐厅，还有一部老马车装饰，强调着餐厅美食的历史庄重感。

Saray Muhallebicisi

🏠 İstiklal cad. No.173
☎ 212 292 3434

历史悠久的 Saray Muhallebi-cisi，窗明几净，是伊斯提克拉尔路上最著名的甜点屋。土耳其的甜点偏甜，但也有不少口感佳、甜味不重的甜点，如 kazandibi，它是由米磨成粉后，加一点儿肉桂粉、牛奶，用烤箱烤，更讲究的还会加上非常细的鸡胸肉，是属于温热的甜点。而 Aşure 不甜，低卡路里，非常好吃，由十种以上原材料制成。

购在
伊斯坦布尔

香料市场（埃及市场）
Mısır Çarşısı

🏠 Cami Meydanı Sokak, Eminönü

🚋 电车站 Eminönü，新清真寺附近

🕐 周一至周六 8:30-19:00

在这里，从家庭用品到民生食材应有尽有，也是选购各种土耳其特产或纪念品的好地方。相较于室内大市场的旅游化，此地显得较平民化。伊斯坦布尔当地人建议，同样的土特产，在香料市场购买价格较合理。

阿拉斯塔市场
Arasta Çarşısı

🏠 邻近镶嵌画博物馆和蓝色清真寺

这是伊斯坦布尔唯一存在的没有顶篷的历史市场，17 世纪设立，主要销售金银珠宝、皮革制品、手工地毯以及古董纪念品，以手工地毯格外闻名。

伊斯提克拉尔路
İstiklal Caddesi

🏠 İstiklal Caddesi

🚋 Taksim 站

这里是最时髦、最流行商品集中的地方，欧洲名牌在此地的价格是国际价格，可以考虑土耳其当地的流行品牌，尤其是皮革制品。创于 1777 年的 Vakko 百货公司则是流行度一等一的高端百货公司。图书、伊斯坦布尔旧画片、土耳其传统音乐 CD 可以一次在这条路上购齐。

Named after a type of cloth woven of silk and cotton fibers, *Sandal Bedesten* spans an area of 2,436 square metres.

布尔萨

　　布尔萨旧称"布鲁萨"，位于土耳其西北部，是布尔萨省省会，土耳其第四大城市。这里是奥斯曼文化的发源地，在穆罕默德二世拿下伊斯坦布尔之前，它是奥斯曼帝国的第一个首都。

　　这座城市刚好处于丝绸之路上，自从蚕桑由中国传入后，为这里赢得"丝绸之城"的美名。作为丝绸之路上重要的贸易城市，这里发展出养蚕、制丝产业，直到今天，每年夏天仍能看到邻近村民挑着蚕茧来到市场交易，现今布尔萨的纺织工业也特别发达。

布尔萨交通

如何到达

从伊斯坦布尔到布尔萨最快的方式，是从伊斯坦布尔的 Yenikapı 码头搭乘快艇 DO fast carferry 到亚洛瓦，然后在此换乘巴士（车程约 90 分钟）到布尔萨。渡轮加巴士整个路程约 3 小时。还有一种渡轮到布尔萨近郊的 Güzalyalı，一天 2~3 班，船程约 1 小时 20 分，从港口搭出租车到布尔萨市中心 45~55 里拉。也可以全程搭巴士，沿着马尔马拉海湾走，但要耗去 4~5 个小时，票价 20 里拉。另有一条渡轮航线是从埃斯基希萨尔（Eskihisar，伊斯坦布尔城外）到托普苏拉（Topçular，Yalova 东边），车子可以开上渡轮。

市区交通

长途巴士站位于布尔萨市中心北边 10 千米的亚洛瓦路上，在此转乘 38 号公交车前往市中心。在市区内可以搭乘当地的公交车或者直接搭出租车。交通系统为 Bursary，有 1 号与 2 号两条线路，车票 Bukart，两种系统通用。

旅游咨询

游客服务中心

🏠 Orhangazi Altgeçidi No.1, Ulu Camii Yani

☎ 224 220 1848

🕐 周一至周五 8:00-17:00

精华景点

绿色清真寺与绿色陵墓
(Yeşil Camii & Yeşil Türbe)

🏠 Yeşil Cad.

🚏 步行

🕐 8:00-12:00，13:00-17:00，除穆斯林祷告时间之外都开放

¥ 免费

必游之地 MUST-VISIT PLACES

绿色清真寺开始是布尔萨最知名的纪念性建筑，建于 1412 年穆罕默德一世时代。在土耳其的建筑史上，这座清真寺象征了一个转折点：从延续波斯风格的塞尔柱形式到古典奥斯曼风格。这可以从它协调的立面以及入口精细复杂的大理石雕刻看出一二。值得特别仔细观赏的是整座清真寺内部贴满的蓝绿色的伊兹尼瓷砖，这是奥斯曼的清真寺首次广泛地使用伊兹尼瓷砖，"绿色清真寺"也因此而得名。与绿色清真寺紧紧相邻的就是绿色陵墓，其建筑本身还保留着塞尔柱形式，这里是伊斯兰教徒的圣地，陵墓里面安放着穆罕默德一世及其子女的石棺，从石棺、墙面到麦加朝圣壁龛都装饰着错综复杂的瓷砖。对伊斯兰教徒来说，这里是他们的圣地，不时有穆斯林前来虔诚祝祷。此外，建筑群的土耳其伊斯兰博物馆（Türk İslam Rserleri Müzesi）里展示从塞尔柱到奥斯曼时代的伊兹尼瓷砖、陶器等，布尔萨的招牌皮影戏偶在此也有展示。

KOZA HAN

有顶
市场区
(Kapalı Çarşı)

🏠 整个市场区所有精华都在 Atatük Cad.、Ulu Cami Cad.、Belediye Cad.、Uzun Çarşı 四条街的范围内

星级推荐

　　来到布尔萨，一定要逛逛这个位于当地人生活中心的室内大市场。有顶市场是这一区的总称，周围集合了清真寺、市政中心和澡堂等景点和历史建筑。其中最重要的建筑就是建于 1936 年的大清真寺（Ulu Cami），该清真寺为塞尔柱形式，整座建筑呈现大四方形，屋顶有 20 个小圆顶，除了巨大的入口大门和森林般的柱廊之外，最特别的是一座位于清真寺正中央圆顶下的三层水池。这座清真寺是布尔萨当地居民及外来朝圣者的信仰中心，水池边洗涤净身的、麦加朝圣壁龛前跪祷的、圆顶下诵读《古兰经》的人潮，是值得抓取的镜头。市场四周的街道环绕着许多回廊式建筑，盖在有树荫和清凉的喷泉中庭周围，称为"罕"（Han，也是商旅驿站以及市场的意思），最著名的当属 1491 年所建的柯札罕（Koza Han），这也是布尔萨曾经是丝绸之路上重要城市的证据。市场里各种民生用品、手工艺品、食物应有尽有，不能错过的是当地知名的手工织品，包括蕾丝、毛巾、浴衣及丝织品。6、7 月来，能赶上一年一度的柯札罕蚕茧售卖活动。

穆拉迪耶清真寺建筑群
(Muradiye Külliyesi)

🏠 Murat II Cad.
🕐 8:30–17:00
💴 免费

穆拉迪耶清真寺建筑群是繁忙城市中的一片绿洲，前有一片绿荫公园，后有一块安静的墓地，整个建筑群包括一座清真寺、一所伊斯兰宗教学校（Medressa），还有土耳其浴室、公共厨房和水池，该建筑群是穆拉特二世（Murat II，穆罕默德二世的父亲，绿色陵墓主人穆罕默德一世的儿子）于 1447 年所建。清真寺和伊斯兰宗教学校都属于塞尔柱时代的建筑，内部都铺有早期的伊兹尼瓷砖，外部则是古朴的红砖。墓园里有 12 座样式不同的坟冢，其中就包括了穆拉特二世之墓。他也是最后一位葬在布尔萨的奥斯曼苏丹。穆拉迪耶是布尔萨最古老的地区之一，穿过清真寺前的公园，有一栋 17 世纪的奥斯曼之屋（Ottoman house），现已成为博物馆。

住在布尔萨

Kent Hotel Bursa
★★★
- Atatürk Cad. NO. 69
  16010 Osmangazi
- 224 223 5420
- www.kentotel.com

Kervansaray Bursa Hotel
★★★
- Fevzi Çakmak Cad.No.29,
  Osmangazi
- 224 220 0000
- www.kervansarayhotels.com/bursa

Çelik Palas Oteli
- Çekirge Cad. 79 Çekirge
- 224 233 3800
- www.celikpalasotel.com

Kirci Hotel
- Cekirge Cd. No.21
- 224 220 2000
- www.kircihotel.com

Anatolia Oteli, Bursa
- Cekirge Meydani
- 224 233 9400
- www.hotelanatolia.com

Atlas Hotel
- Hamamla r Cad.No35,
  Çekirge
- 224 234 4100
- www.atlasotel.com.tr

吃在布尔萨

Kebapçi İskender
（有顶市场店）
🏠 Atatürk Cad. Orhan Sok. No.60
☎ 224 221 1076
🕐 11:00–18:30，周末至 20:00

Kebapçi İskender
🏠 Ünlü Cad. No.7
☎ 224 221 4615
🕐 11:00–21:30

Yüce Hünkâr
🏠 Yeşil Camii Yanı No.17–19
☎ 224 327 8910
🕐 11:30–21:30

娱在布尔萨

Yeni Kaplıca 温泉
🏠 Yeni KaplıcaMudanya Caddesi 10
☎ 224 236 6955
🕐 7:00–23:00

Çakır Ağa Hamamı 温泉
🏠 Atatürk 和 Kazım Baykal 两条街交叉口

☎ 224 221 2580
🕐 6:00–24:00

Karagöz Sanat Evi
(Karagöz Müzesi)
🏠 Çekirge Caddesi No.159
☎ 224 232 2590

恰纳卡莱

提到恰纳卡莱，多数人觉得很陌生，但若说特洛伊，就无人不晓了。恰纳卡莱是前往特洛伊的必经城镇，两地相距约 25 千米。地中海与黑海之间有两个地理位置非常重要的海峡，一个是位于伊斯坦布尔的博斯普鲁斯海峡，另一个就是达达尔海峡（Dardanelles），恰纳卡莱正好扼守住达达尼尔的亚洲这端，与欧洲端的盖利博卢（Gelibolu）半岛相距只有 1200 米，这道狭窄的咽喉要道也成了兵家必争之地。数个世纪以来，络绎不绝的传教士、军队、商人们在渡过达达尼尔海峡之前或之后，总会在恰纳卡莱做短暂停留，如今人们过境此地，多半是为了特洛伊而来。

恰纳卡莱交通

如何到达

公交

恰纳卡莱的公交车总站就位于市中心东边。恰纳卡莱距离布尔萨约310千米，车程5小时；距离伊斯坦布尔340千米，车程约6小时；距离爱琴海中部大城伊兹密尔340千米，车程约5小时。

渡轮

如果从伊斯坦布尔过来，还有一种比较快的方式，便是从伊斯坦布尔的 Yenikapı 码头搭乘渡轮前往班德尔马，再转搭巴士过来。

市区交通

市区不大，步行便可逛遍多数景点。

旅游咨询

游客服务中心

🏠 İskele Meydanı

☎ 286 217 7787

精华景点

特洛伊木马
(Trojan Horse)

🏠 Cumhuriyet Meydanı 广场上，面对达达尼尔海峡
🕐 全天
¥ 免费

星级推荐

　　如果看过由布拉德·皮特（Brad Pitt）饰演希腊武士阿喀琉斯（Achilles）的电影《特洛伊》，一定对这只停在恰纳卡莱港口边的木马很熟悉。在以往，一般游客对"木马屠城"的木马印象，主要是那只停在特洛伊遗址门口、可以爬进爬出的木马。随着新电影的拍摄、上映，这只造型新颖的木马，从 2004 年 9 月 15 日开始，就留在土耳其境内，恰纳卡莱也从此多了一个新地标。

奇梅里克堡垒与军事博物馆
(Çimenlik Kalesi & Askeri Müzesi)

⌂ 位于恰纳卡莱港口南缘

◷ 周二、周三、周五至周日 9:00-17:00（12:00-13:00 休息）

¥ 5 里拉，照相要另外付费

　　"征服者"艾哈迈德二世在拿下伊斯坦布尔之前，为了掌控达达尼尔海峡，于 1452 年先在海峡两岸建了两座城堡，恰纳卡莱这边是奇梅里克堡垒，欧洲那一头则是基里巴赫尔城堡（Kilitbahir）。

　　今天的奇梅里克堡垒其实是一座军事博物馆，主要分成三大部分：一艘除役的布雷舰（Nusret minelayer ship）、一个图片展示室（Picture and Photograph gallery）以及堡垒建筑本身。

　　图片展示室是一栋面海的晚期奥斯曼建筑，陈列着一些恰纳卡莱的老照片和画作；位于港口岸上的布雷舰，在第一次世界大战著名的盖利博卢之战中，曾经扮演英雄般的角色。1915 年，盟军登陆欧洲端的盖利博卢半岛，被土耳其国父凯末尔率军击退，据说这次战役双方死亡达 10 万人。

　　至于堡垒本身平淡无奇，城墙周围安置着一些第一次世界大战留下来的英制、德制、法制大炮，如果能爬上堡垒高处眺望达达尼尔海峡，也是一处风景。

**考古
博物馆**
(Arkeoloji
Müzesi)

🚏 位于恰纳卡莱城区南边，前往特洛伊的路上。从
长途巴士站搭市区巴士可到
☎ 286 217 6740
🕐 8:00–17:00
💴 5 里拉

　　主要展出特洛伊和阿索斯（Assos）出土的历史文物，
例如水晶护身符和狮子头（Troy Ⅱ）、女人头瓶盖（Troy
Ⅲ）、高脚杯（Troy Ⅳ）、红土陶器（Troy Ⅷ）等，多
数展品没有标示解说，不易理解这些文物的来源和意义。
不过相较于特洛伊遗址尽是残败土堆，这些展示品还能
与古老年代稍微产生联结，也为前进特洛伊遗址之前作
个暖身。其实特洛伊比较珍贵的出土文物都已收藏在伊
斯坦布尔的文物博物馆，如果只是对特洛伊文物有兴趣，
实在不必大老远跑这一趟。除此之外，博物馆里还有衣
饰的展出，并展示了罗马、拜占庭、奥斯曼的钱币等，
以及一个公元前 6 世纪的石棺。

特洛伊遗址
(Troy ruins)

🚌 位于恰纳卡莱南方 25 千米，车程约半小时
🕐 8:00-19:00，冬天至 16:00
¥ 15 里拉

必游之地 MUST-VISIT PLACES

　　已有 3000 多年历史的特洛伊在世人眼中原是只存在于神话故事中的地方，是希腊神话中特洛伊战争的战场，是希腊神话"木马屠城记"的发生地，但对考古学家来说，目前是一片荒芜之地的特洛伊，对了解欧洲文明的起源以及荷马长篇史诗《伊利亚特》对西洋文明 2000 多年的深远影响，有着极大的作用。1871 年德籍业余考古学家谢里曼（Heinrich Schliemann）在达达尼尔海峡南方发现了特洛伊遗址，终于使神话野史有了实质证据。从这个

举世闻名的考古区中出土的各种物件，则是小亚细亚文明与地中海文明接触、交融的重要证明，同时也是公元前 12 — 13 世纪爱琴海文明消长趋势的证明。

遗址入口处的木马，建于 1975 年，有两层楼高，可以爬上阶梯入内参观。出土的特洛伊遗址深达 9 层，各个文化层清楚地显示出每个时代不同的发展。最底层的年代可溯及公元前 3 000 年，第 1 层到第 5 层相当于青铜时代晚期文化，第 6 层或第 7 层的年代接近特洛伊战争时期，此时开始呈现印欧民族的文化表征即与迈锡尼（Mycenae）相关的文物，第 8 层为希腊时期的建筑，最上层则是罗马帝国时期的遗迹，现在还保留明显建筑样貌的，如神殿和剧场，就属这个时期。

贝尔加马
(Bergama)

🚌 从南边过来，贝尔加马和大城市伊兹密尔之间有巴士，车程约 2 小时。从北边过来，距离恰纳卡莱车程为 3~4 小时

🕐 8:30-19:00，冬天至 17:30

💰 卫城 20 里拉，医神神殿 10 里拉，红色大教堂 5 里拉，博物馆 5 里拉

　　马其顿的亚历山大大帝带来了希腊化运动，融合各地的文化特质，而呈现出希腊化时期最具代表性的贝尔加马（Bergama）风格（各种年龄、阶层、职业的人物都可成为雕塑的主题）。曾经显赫一时的贝尔加马王国，在欧迈尼斯一世时达到巅峰，是爱琴海北部的文化、商业和医药中心，足以和南边的以弗所分庭抗礼，享有"雅典第二"的称号，而其遗址就位于今天的贝尔加马小镇。有几个重要的遗迹值得特别游览：南边医神神殿（Asclepion）和北边卫城（Acropolis）两大部分，两地相距 8 千米，镇中心还有一座红色大教堂遗址（Kızıl Avlu）以及博物馆。

　　整座卫城雄踞于东北边险峻的山坡上，曾经是伟大的希腊文明中心，主要建筑包括了宙斯祭坛（Alter of Zeus）、雅典娜神殿（Temple of Athena）、酒神神殿（Temple

of Dionysus）、图拉真神殿（Temple of Trajan）、大剧场以及曾经是全世界第二大、仅次于埃及亚历山大城图书馆的图书馆。图拉真神殿是遗址里仅存的罗马时代建筑，通体以大理石打造，正面有 6 根、侧面有 9 根科林斯式石柱。宙斯祭坛现在只留有基座，祭坛高达 12 米，浮雕描绘了诸神与巨人间的神话战争。至于贝尔加马图书馆仅残存的几根圆柱，曾经装满国王阿塔鲁斯一世所收集的 20 万册羊皮书。沿山坡而建的大剧场是游览重点，它是遗址中最完整也最雄伟的建筑，可以容纳上万名观众。位于悬崖边缘的观众席，除了能看清舞台上的每个细节，还可以俯瞰整个贝尔加马市区，视野更可以无限延伸到地平线，是整个遗址中最令人惊奇的地方。顺着罗马市场大道走，医神神殿（Asclepion）遗址里有两座医神神殿，除此之外，还包括罗马剧场、图书馆以及圣泉、澡堂。市中心的红色大教堂（Kızıl Avlu）建于公元 2 世纪，原本是祭祀埃及神明塞拉匹斯（Serapis）和伊西斯（Isis）的神殿，后来拜占庭时期被改成大教堂，奉献给圣约翰，《圣经·启示录》中所提到 7 座小亚细亚的教堂，它就是其中之一。

伊兹密尔

伊兹密尔位于美丽的爱琴海边上，是土耳其重要的经济中心，产值仅次于伊斯坦布尔。伊兹密尔古称斯米尔纳（Smyrna），由爱奥尼亚人所建立，自古就因海上贸易而繁荣，是土耳其第三大城、第二大港，全国主要工商中心，也可以说是土耳其最西化的城市。

　　第一眼见到这座城市，一定会被眼前密密麻麻爬满每一座山壁的屋舍所震撼。这座海港城市四周群山环绕，陡峭山壁直逼伊兹密尔海湾，没有足够的平地，因此所有住家都往山陵上发展。在伊兹密尔保存着众多名胜古迹，如科纳克广场、古广场遗址等。

伊兹密尔交通

如何到达——飞机

　　伊兹密尔机场位于市区南边18千米处，与伊斯坦布尔和首都安卡拉之间都有直飞的航班。到伊斯坦布尔每天有13~15班，航程约1小时。到安卡拉一天3班，航程1小时20分。机场换乘巴士到达市区的Gazi Osman Paşa大道，车程约30分钟，票价10里拉。

土耳其航空
（Turkish Airlines）

🏠 Halit Ziya Bul.No.65, Mahmut Rıza İşMerkezi

☎ 232 425 1220

如何到达——火车

　　火车站有两处，分别为巴斯马内火车站（Basmane）和阿尔桑贾克火车站（Alsancak）。从巴斯马内火车站可以前往以弗所遗址所在的塞尔丘克（Selçuk）和棉堡所在的代尼兹利（Denizli）。

如何到达——巴士

　　长途巴士站位于市中心东北边6千米处，距离贝尔加马100千米，车程2小时。距离塞尔丘克80千米，车程1个多小时。长途巴士到市区可转乘巴士到市区巴斯马内的Dokuz Eylül Meydanı。

市区交通

　　虽然多数景点集中在科纳克（Konak）的港口附近，但有些地方还是得靠交通工具才能到达。伊兹密尔主要的大众运输工具有巴士、地铁及渡轮。巴士共有两种，分别为ESHOT和İZLAŞ，票价为2里拉。

地铁

　　地铁只有一条线，从Üçyol通到博尔诺瓦（Bornova），经过科纳克（Konak）。

渡轮

　　各码头之间有船可以乘坐，连接科纳克、帕萨波特和阿尔桑贾克。

精华景点

科纳克广场
(Konak Meydanı)

🏠 Konak Meydanı
🚃 就在市中心，任何巴士都会标明 Konak
🕐 全天
💰 免费

MUST-VISIT PLACES 必游之地

　　科纳克广场是游览伊兹密尔最理想的起点，可以此为中心，向四方景点辐射出去。广场坐落于港口边，目前被规划为人行徒步区，这里呈现出与古老土耳其截然不同的现代氛围，不时挤满来此闲散漫步的伊兹密尔市民。广场上有两座对比鲜明的历史性建筑：堪称伊兹密尔精神象征的科纳克钟楼（Saat Kulesi）建于 1901 年，是奥斯曼晚期建筑，是当时的苏丹为了鼓励土耳其人学习欧洲人守时的习惯所建的 58 座钟楼中最好看的一座；科纳克清真寺（Konak Camii）建于 1748 年，外部覆盖着产自屈塔希亚（Kütahya）的瓷砖，小巧朴素。

卡迪费古堡 (Kadifekale) ♥	🏠 Kadifekale
	🚌 在 Konak 搭乘 33 公交车，或是标有 Kale 的公交车，可以抵达山丘上
	🕐 全天
	¥ 免费

这座雄踞帕果斯（Pagos）山头的城堡是亚历山大大帝于公元前 334 年征服安纳托利亚地区之后，在长达 3 个世纪的希腊化时期，为了保证安全和防御而建。易守难攻的山丘成了聚落发展的重心，在接下来的罗马、拜占庭、奥斯曼时期，高高在上的卡迪费古堡始终捍卫着伊兹密尔。

古广场遗址 (Agora) 👤 ♥ 👤	🚌 从 Konak 向东走，穿过许多狭窄巷道可达
	🕐 周二至周日 8:30–12:00，13:00–17:00
	¥ 3 里拉

伊兹密尔市区最重要的希腊罗马时代遗址——古广场遗址，原本是希腊化时期亚历山大大帝所建，毁于公元 178 年的地震，后来又在罗马皇帝奥勒留（Marcus Aurelius）时代重建，成为当时罗马城市斯米尔纳即今天的伊兹密尔的中央市场。尽管现在其外观已经是废墟，但还是值得按下几次快门。成列的科林斯式石柱，柱头雕刻依然保存完整，对照着解说牌上的复原图，很容易想象出古罗马市场原本的模样，直到拜占庭时期，这座市场仍然发挥功用。游览过程中不妨走到地下室，整个建筑基础依然完好，光线透过拱廊，投射出一道道美丽的弧线。另外罗马人的引水、排水设施，也可在地下室看得一清二楚。

考古博物馆与民族博物馆

(Arkeoloji Müzesi & Etnoğrafya Müzesi)

- Halil Paşa Cad., Bahri Baba Park İçı
- 从 Konak 往南走
- 232 489 0796
- 周二至周日 9:00-17:00
- 考古博物馆 8 里拉，民族博物馆 4 里拉

这里主要的收藏品包括希腊与罗马时期的雕像、玻璃器皿、金属制品、银器和黄金珠宝，其中多数是从古广场遗址出土的。虽然收藏并不算突出，但有些还是较亮眼的，例如拜占庭时期的玻璃器皿，还有宝物室里的黄金珠宝饰品。不过宝物室通常是锁着的，参观的话需要联系警卫。民族博物馆就在考古博物馆的隔壁，曾经是一座法国医院的所在地。博物馆所陈列的都是与土耳其民俗与技艺相关的展品，包括骆驼节摔角、土耳其毛毯制作、陶瓷制作、木版印刷、刺绣、伊兹密尔一带的居家摆设、奥斯曼时期的服饰和居家用品等。

滨海散步大道
(Birinci Kordon)

🏠 Birinci Kordon
🕐 全天
💰 免费

星级推荐

　　这里可以说是伊兹密尔最悠闲浪漫的地方了。大道旁点缀着棕榈树，一边是商业街，靠海的那边摆满露天座椅，或情侣，或三五好友，或独自一人，聊天的、喝咖啡的、抽水烟的、下棋的、呆坐望海的，都在此享受片刻悠闲。即便日落夜幕升起，坐在露天咖啡座吹拂微风的人、沿着大道散步的人潮，仍然不会散去。

阿珊
索尔塔
(Asansör
Tower)

🏠 位于 **Karstaş** 区的巷弄中
☎ 232 261 2626
🕙 电梯 24 小时开放
　　用餐时间 8:00–12:00
¥ 登顶免费

　　阿珊索尔塔位于伊兹密尔市郊南边，是 Karstaş 区的一座古老电梯，由一位犹太籍的慈善家于 1907 年建造。因为这一带地势陡峭，房子几乎是沿着山壁而建，街道与街道之间高度落差极大，为方便老人、孕妇、小孩而建了这部电梯。如今这部电梯的顶楼还开设了一家餐厅，视野很好，可以在用餐之余观赏城市风光和海景。

塞尔丘克

塞尔丘克是伊兹密尔省的一个县城，位于爱琴海沿岸，距离以弗所东北约 5 千米。塞尔丘克是一座宁静的山间小镇，阵阵山风混合着松林的香味，充满了诗情画意。

　　来塞尔丘克旅行的人多半是冲着以弗所古城的响亮名号，的确，这里的旅游产业，都是围绕着"以弗所"的古文明概念发展起来的。耶稣的门徒约翰在这里终老一生，保罗曾在该城传教，圣母玛利亚亦在此城安度晚年。对基督教信徒来说，这里也是他们的朝圣之地。

塞尔丘克交通

如何到达——火车

从伊兹密尔搭火车，车程约2小时。

如何到达——长途巴士

长途巴士站位于阿塔图尔克（Atatürk）大道、前往库沙达瑟（Kuşadası）和以弗所的交叉口。联结伊兹密尔（约80千米，车程1小时）和博德鲁姆。

市区交通

市区不大，步行即可。前往以弗所则有班次密集的小巴士，也可搭乘出租车。

旅游咨询

游客服务中心

🏠 **Atatürk Mah. Agora Çarşısı No.35，以弗所博物馆旁**

☎ **232 892 6328**

🌐 **www.selcuk.gov.tr**

精华景点

以弗所遗址
(Efes/Ephesus)

🏠 位于塞尔丘克西边 3 千米。遗址主要有南北两个出入口，南门就是所谓的上入口，建议以此为起点

🕐 10 月至次年 5 月 8:00-16:30，4—9 月 8:00-19:00

¥ 20 里拉

MUST-VISIT PLACES 必游之地

　　爱琴海畔的以弗所遗址，是游览土耳其的必到之处，也是游客造访土耳其时最钟爱的景点之一。面积广阔的古城遗迹在公元前 9 世纪已有记载，至今有 2 000 余年的历史。在历经公元前 6 世纪的波斯人入侵后，希腊的亚历山大大帝将其收复，开始这座城市的基础建设。经过希腊文明的洗礼后，罗马帝国的几位帝王对该城喜爱有加，纷纷为城市建设添砖加瓦，此城的繁华兴盛到达巅峰。古城遗址于 20 世纪初陆续被挖掘出土，断壁残垣随处可见，只有少数景点保留原貌。据史料记载，公元 17 年时一次大地震严重摧毁以弗所，后来的基督教文明兴起，以弗所作为信仰多神的希腊古都，逐渐被弃置变为废墟，甚至不少建材遭到拆解，被移给其他建筑使用。不过就整体而言，它仍然是地中海东部地区保存最完整的古代城市。建于公元 2 世纪的音乐厅（Odeon）、克里特斯大道（Curetes Street）、哈德良神殿（Temple of Hadrian）、大剧院（Theatre）等都值得观看，感受历史痕迹。

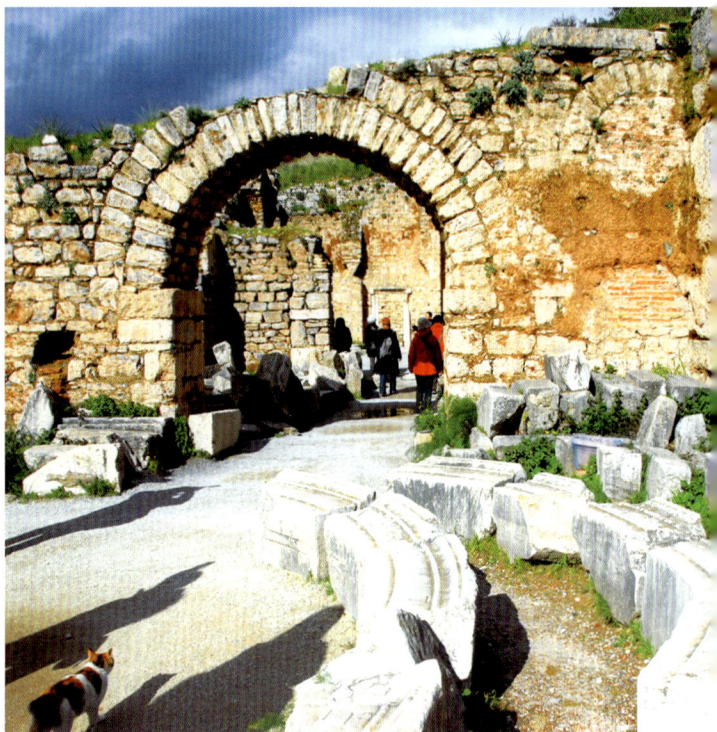

阿苔密斯 神殿遗址 (Artemis Tapınağı)	⌂ Artemis Tapınağı 🚌 在塞尔丘克郊区通往以弗所的马路边 🕐 日出到日落开放参观 ¥ 免费

必游之地
MUST-VISIT PLACES

　　在塞尔丘克郊区通往以弗所的路上，还可以停留下来参观名列古代世界七大奇观之一的阿苔密斯神殿遗址。大片遗迹空地上，挺立着一根圆柱，这绝对是不容错过的焦点。神殿是为丰饶女神阿苔密斯（Artemis）而建，她是以弗所的守护神，就像雅典娜之于雅典一般。公元前550年，神殿由密密麻麻的130多根圆柱构成，而在希腊世界很少出现这般威势逼人的建筑，比雅典的帕提侬神庙还大。神殿总共遭受7次严重破坏，并重建7次，目前只有极少部分留存下来，包括挖掘出来的神殿基座以及唯一一根复原的圆柱。

圣母玛利亚之屋
(Meryemana Evi)

🚌 距离以弗所北门 7 千米，离南门 5.5 千米
🕐 5—9 月 8:30-12:00、13:00-19:00，10 月至次年 4 月 8:00-12:00、13:00-17:30
💰 12 里拉

　　关于耶稣门徒约翰的"福音书"究竟是在希腊还是在以弗所完成的说法莫衷一是，不过可以确定的是约翰在此终老，而约翰受耶稣嘱托照顾圣母玛利亚，因此圣母也在此度过她的晚年。当以弗所遗址后方山坡上的圣母玛利亚之屋于 1890 年被挖掘出来时，印证了圣母玛利亚在此度过晚年的事实，这使得来此朝圣的人络绎不绝。

教堂墙壁的石块上画有曲折的红色线条，据了解红线代表 6 世纪前建筑物的高度，红线以上部分则是日后慢慢修筑而成。现在的玛利亚之屋是一间小礼拜堂，较为静僻，一棵有着 500 年历史的老槭树依墙而生，长年吸引着来自世界各地的朝圣者。走出教堂，顺势向下，在楼梯下还有圣水供应。

以弗所考古博物馆
(Efes Arkeoloji Müzesi)

⌂ Uğur Mumcu Caddesi
☎ 232 892 6010
🕐 5—9 月 8:30-12:00、13:00-19:00，
10 月至次年 4 月 8:00-12:00、13:00-17:00
¥ 5 里拉

星级推荐

　　以弗所建筑遗址真正具有价值的考古文物都收藏在这家博物馆里，藏品包括雕像、马赛克镶嵌画、湿壁画、钱币等，这些藏品创造出生动繁复的古城景象。镇馆之宝是两尊造型奇特的阿苔密斯雕像，在希腊神话里，丰饶女神被塑造成一位贞洁的处女，是主宰狩猎事宜的原野女神，和阿波罗一样，手持弓箭，既能随时置人于死地，也能保护人们。在以弗所，阿苔密斯特别受尊崇，她被塑造成一个多乳头的乳母形象，其雕像上竟有 100 多个乳房，的确非常丰饶。有冠的一尊是 1 世纪作品，在以弗所的市政厅被发现；另一尊则是公元 125—175 年之间

的作品，是现今塞尔丘克的城市精神象征。另外博物馆里有不少爱神厄洛斯（Eros）的雕像，特别值得一提的是一件厄洛斯骑在海豚上的青铜雕像，这是在以弗所图拉真喷泉发现的，作品不大却被锁在玻璃柜里，并以栅栏阻隔，十分珍贵。从以弗所移过来的雕像和浮雕，例如哈德良神殿门楣上的带状浮雕、罗马皇帝图密善如巨人般的雕像，以及奥古斯都（Augustus）雕像等，也都值得详细参观。

而以弗所的阶梯屋（Terrace Houses）、医药学校（School of Medicine）在这里也都有详尽介绍。此外，博物馆还有一室用来专门介绍角斗士（Gladiator），看过电影《角斗士》的人对这些以在竞技场里与野兽搏斗而供王公贵族娱乐的场面，想必并不陌生。

圣约翰教堂
(St. John Kilisesi)

- 🏠 圣约翰教堂位于阿亚索鲁克（Ayasuluk）山丘上，伊沙贝清真寺在山脚下
- 🕐 5—9 月 8:00–19:00，10 月至次年 4 月 8:00–17:00
- ¥ 5 里拉

据说耶稣十二门徒之一的圣约翰是在塞尔丘克度过了人生的最后一年，他的墓室位于中殿，这一块区域的大理石石柱都重新立起来了。在中殿的尽头，两片描绘圣约翰的湿壁画依稀可辨。

伊莎贝清真寺
(Sa Bey Camii)

- 🏠 阿亚索鲁克（Ayasuluk）山脚下
- 🕐 全天
- ¥ 免费

建于 1375 年的伊莎贝清真寺由大马士革的建筑师 Dimi kli Ali 所设计，朝向麦加的壁龛以大理石打造，部分建材则取自阿苔密斯神殿。

徐林杰山城
(Şirince)

🏠 塞尔丘克东边 9 千米的山上
🕐 全天
¥ 免费

星级推荐

位于塞尔丘克东边郊外 9 千米的徐林杰山城，在上山途中，可见葡萄园、水蜜桃园、苹果园、橄榄园等果园错落在两旁的山丘上。这个位于塞尔丘克郊区的山间小村落，以出产水果酒闻名，懂门道的土耳其人和外国游客，都会特别到山上来感受与这里古文明截然不同的小镇风情。小镇主街道是游客聚集的中心，街道两旁都是迎接游客的酒馆、小餐厅等，不能错过的是镇上最出名的水果酒，即便不胜酒力，只是浅尝各种水果酒的味道也是一种享受。因为山城的静僻，吸引了不少原本居住在土耳其大都市的艺术家来这里定居，所以穿梭在山城小径，你会发现一些画廊及个性小店。

库沙达瑟
(Kuşadası)

🏠 位于塞尔丘克西方的海港，车程约 30 分钟
🕐 全天
¥ 免费

库沙达瑟是爱琴海边著名的度假胜地，一到夏天，欧洲游客就经常驾着游艇停留在此，另外由于港阔水深，也常有地中海巨型游轮泊靠于此。这里还是前往希腊萨摩斯岛（Samos）的必经之地，而除了以弗所之外，邻近地区其他三个著名土耳其古迹：普利艾尼、米列特斯、迪迪姆，也几乎都是从库沙达瑟出发。所以整个库沙达瑟的海滨和街头汇集了大量或平价或高级的度假饭店。

帕慕卡莱
（棉堡）

　　帕慕卡莱就是一般人所熟知的棉堡，在土耳其语中"Pamuk"意指"棉花"，"Kale"是"城堡"的意思。这也是土耳其境内，除了卡帕多西亚之外，知名度最高的自然奇景。每年都会吸引上百万游客前来争睹这个状似棉花城堡的白色岩石瀑布。景区以棉堡为核心，温泉饭店林立在5千米外的卡拉哈耶特村（Karahayıt）。帕慕卡莱地区的首府代尼兹利市（Denizli）已成为前往棉堡的中转站，两地车程约30分钟。

　　在棉堡旅行最不能错过的就是日落，太阳的余光发出不同红色的变奏，洁白的棉堡被晚霞染成的颜色，绚烂至极。除此之外，登上山顶，有时候还会看到茫茫云海，也是世界上难得一见的美景！

帕慕卡莱（棉堡）交通

如何到达——飞机及火车

代尼兹利市有一座机场，但多数游客还是搭乘巴士或火车过来。与伊兹密尔之间的巴士班次非常频繁，车程约 4 小时，火车则约 6 小时，也可以直接从塞尔丘克出发，车程约 3 小时。从代尼兹利的公交车总站转乘地区巴士到棉堡约 30 分钟，一些高档饭店也提供接送机服务。

市区交通

从棉堡到其他区域，都要经过代尼兹利市转运。帕慕卡莱小镇距离棉堡景区南边入口 3 千米。

旅游咨询

游客服务中心

🏠 Pamukkale Örenyeri，位于棉堡石灰棚的最顶端

☎ 258 272 2077

🌐 www.pamukkale.gov.tr

精华景点

石灰棚 (Travertines)

🚌 整个棉堡景区有三个入口，北门和南门入口可以到达石灰棚的顶端，又以新开的南门最接近，如果从棉堡村入口则还要走 3 千米

🕐 8:00-19:00，冬天至 17:00

¥ 20 里拉，含希耶拉波利斯古迹区的费用

必游之地 MUST-VISIT PLACES

棉堡名称的由来，当然是那片像白色棉花似的天然奇景，在层层相连如梯田的大地上，有天然温泉从地底浮出，当阳光照拂这片"棉田"时，泉水映出蓝绿色调，点缀于白色地面，煞是好看。

建议花一整天时间在棉堡景区。上午由南门进入，可以快速到达石灰棚的顶端观赏棉堡那片像白色棉花似的天然奇景。这片鬼斧神工的独特景观，其实是石灰岩岩体流渗出富含碳酸钙的温泉，涌冒的泉水依地势聚集环流，泉中所含的碳酸钙慢慢释出，堆积成石灰华结晶，经过千年的累积形成的阶梯景观。为了保护环境，现在游客到此须去除鞋袜，只能循着堤边步道游赏，不得随意入池戏水。

帕慕卡莱温泉
(Pamukkale Antik Havuz)

- ☎ 258 272 2024
- ⏰ 8:00-19:00，冬天至17:00
- ¥ 20里拉
- 🌐 www.pamukkalethermal.com

星级推荐

　　严格来说，它也是一处古迹，这个由赫拉波利斯遗址下陷而形成的温泉池，历史上是属于阿波罗神殿的一部分，池子里倒卧着许多大理石石柱。整个温泉池平均温度约35℃，平均深度3米，泉水富含碳酸盐、硫酸盐、钙等多种成分，据说沐浴和饮用都有益健康，每年有上百万游客在这个温泉泳池与千年古迹同游。

赫拉波利斯遗址
(Hierapolis)

- 🚌 整个棉堡景区有三个入口，北门入口直接进入古迹区的墓地，南门则靠近白灰棚
- ⏰ 8:00-19:00，冬季至17:00；博物馆9:00-12:30、13:30-18:00，周一休馆
- ¥ 20里拉，与棉堡使用同一张门票，博物馆3里拉

必游之地 MUST-VISIT PLACES

　　赫拉波利斯融合了希腊、罗马、犹太教、早期基督教等文化元素，最终以土耳其"安纳托利亚"（Anatolian）的当地风格展现出来。游览的几个重点之地：通过拜占廷教堂（北浴场）（Byzantine Church）的浴池设备就可推测出此地古时就以温泉而远近驰名，据说当时有成千上万人专程赴此泡温泉、疗养；图密善之门（Arch of Domitian）建筑轮廓依然清晰，三门式的拱门建于公元1世纪，城门两侧各有一圆形碉堡，据说是为了赞美当时罗马皇帝图密善而建；散落石棺的大规模墓地如今看起来更像是贫瘠山陵中的一处废墟，四处散落的石棺，总数超过1200具，是安纳托利亚最大的古墓场。

阿佛洛狄西亚斯遗址
(Aphrodisias)

🚌 位于 Aydın 和 Denizili 之间，与 Denizili 距离约 100 千米，车程 1.5 小时

☎ 0256 448 8086

🕐 5—9 月 9:00-19:00，10 月至次年 4 月 9:00-18:00，周一休息

¥ 8 里拉

MUST-VISIT PLACES 必游之地

　　阿佛洛狄西亚斯遗址是土耳其众多古迹中保护较好的一处，该古城的历史可以追溯到公元前 3000 年的青铜时代，在罗马时代达到全盛，从阿佛洛狄忒神殿（Temple of Aphrodite）的大门、剧院、市场、运动场等建筑特色即可窥知。传说因爱与美的女神——阿佛洛狄忒（Aphrodite）强力守护这座城市之故，因此该城也以她的名字来命名。若以现代眼光来评鉴，该城的工艺水平、大理石建材用料都比其他城市高，其审美观念、生活水平也是高于同期的古城。似乎和城市守护神有关，该城也是当时的艺

术中心。

　　进入古城遗址有两个入口，一处会先看到"城门牌楼"，另一处则先经过博物馆，由林荫道进入遗址，这两处都可以自由进入。有几个重点的地方值得特别注意。"城门牌楼"（Tetrapylon）是阿佛洛狄西亚斯古老的城门，也是本城的地标，从建筑角度欣赏，四柱的柱头是华丽的科林斯式，门上三角墙部分分别精雕着神话人物，例如小爱神厄洛斯和他母亲阿佛洛狄忒。长262米、宽59米的运动场（Stadium），轮廓清晰，座椅外观完好，建于公元2世纪，古罗马人的建筑功力着实令人赞叹。当时罗马人也将这个场地兼作竞技场和赛马场，可以容纳3万人。从希腊过渡到罗马时代，这里的居民始终崇拜这个专司爱与美的女神阿佛洛狄忒。5世纪后，基督教文明盛行，阿佛洛狄忒神殿被多次改造并遭到破坏，现在的神殿只见14根爱奥尼亚式柱子，拜占庭式的教堂后殿残迹如今还看得到。1962年挖掘出来的阿佛洛狄忒神像高达3米，收藏在入口处的博物馆。遗址逛完，不要忘了到博物馆看看这里的珍藏。在罗马时代，阿佛洛狄西亚斯有一所非常著名的雕刻学校，博物馆里就有许多当时的优秀作品。其中从阿佛洛狄忒神殿出土的阿佛洛狄忒雕像，穿着一件装饰华丽的外袍，脸部已不见，是博物馆的镇馆之宝。由于文物不断出土，博物馆也随之扩建，如今在此可以看到阿佛洛狄忒神殿的复原图，以及原本立在柱廊之间那一尊尊栩栩如生的雕像。

卡克立克岩洞
(KaklıK Cave)

🚌 位于棉堡景区东边 30 千米，可参加当地的旅行团或搭乘出租车前往

🕐 8:00~17:30

💴 2 里拉

　　卡克立克岩洞（KaklıK Cave）简直是棉堡石灰棚的翻版，只是规模小得多，而且位于地底的洞穴里。整个帕慕卡莱地区都是石灰岩地形，棉堡因为外显而远近闻名，然而地底还隐藏着无数的"小棉堡"。在这里，温热的石灰水流经巨大的地底洞穴时，堆积出一层层的石灰华，与棉堡一样呈现出雪白的颜色。温泉湿热的硫黄气味和着轰鸣水声，水势浩大，岩石造型变化万千，具有自己独特的风格。一个在地面映着蓝天，吸引着成千上万的游客；一个在地底下，点着微弱灯光，接待懂门道的游客，两个景点可说各擅胜场。

博德鲁姆

博德鲁姆早在公元前 11 世纪就建城，当时名为哈里卡纳苏斯（Halicarnassus），它起步低调，但是发展迅速，古希腊著名的历史学家希罗多德（Herodotus）曾经详细描述它的繁华风光。不难想象希罗多德下笔时的骄傲，因为这里正是他诞生的故乡。公元前 4 世纪，小亚细亚加里亚（Caria）君王摩索拉斯（Mausolus）还在此打造大型陵寝，此建筑在竣工后名列古代世界七大奇观之一。这座白色的大理石建筑矗立了将近 1900 年之久，直到 15 世纪遭十字军摧毁，石材被移作建造耸立在港边的城堡。

博德鲁姆交通

如何到达——机场及大巴 ➡

　　位于博德鲁姆近郊的米拉斯（Milas）拥有一座国际机场，土耳其航空运营着其中大部分航线，但班次不多，从机场到市区有配合飞机班次的机场巴士，到市区的话搭乘长途巴士还是很方便的。机场距离伊兹密尔约250千米，约4小时车程；到塞尔丘克车程约3小时。

市区交通 ➡

　　整个博德鲁姆市区不大，步行即可游览多数景点。

旅游咨询 ➡

游客服务中心

🏠 **Barış Meydanı**，位于圣彼得城堡外的广场上

☎ 252 316 1091

精华景点

博德鲁姆城堡
(Bodrum Kalesi)

- 🏠 博德鲁姆港口
- ☎ 252 316 2516
- ⏰ 9:00–18:30，冬季至 17:00
- ¥ 城堡 10 里拉，沉船与玻璃器皿展示厅 4 里拉，卡利安公主厅 4 里拉

MUST-VISIT PLACES 必游之地

　　这是博德鲁姆最显著的地标，也是这座港湾城市最主要的历史见证物。城堡从 1406 年开始兴建，十字军之一的圣约翰骑士团（Knights of St. John）一举夺下博德鲁姆后，拆卸摩索拉斯陵墓的石材，建造了这座城堡，其 5 座塔分别代表当时 5 个国籍的居民——西班牙、法兰西、意大利、德意志和英格兰。城堡的建设工程持续了一个世纪之久，最高的法国塔可以俯瞰博德鲁姆全城和爱琴海。直到第一次世界大战结束，这座城堡一直扮演着守护博德鲁姆的角色。20世纪之后，城堡的角色渐渐转变，随着附近采集海绵的潜水员不断从海底打捞出大量古物，而变为一座以展列海底考古为主的博物馆。

　　有几个重点项目可以细细品味。双耳细颈陶罐（Amphorae），大约是公元前 3000 年前青铜时代早期从特洛伊开始兴起并发展的，到了公元前 2000 年因海上贸易渐渐转移到地中海东岸，这些陶罐几乎都是从土耳其西南水域的海底捞上来的，其年代可追溯到公元前 15

世纪。随着时代发展，不同地域的陶罐呈现出不同的样式，这从墙上的展示可一目了然。沉船与玻璃器皿展示厅（Glass-Shipwreck Hall）的沉船于 1973 年由采集海绵的潜水员发现，沉船的年代约在 1025 年，打捞沉船的同时，还发现了 3 吨重的玻璃器皿，可见这艘商船主要在黑海的拜占庭和叙利亚法密德王朝（Fatimid）之间进行贸易往来。青铜时代沉船展示厅（Bronze Age Shipwrecks）主要展示了古代人类的航海与海上贸易生活，一艘公元前 14 世纪沉没在卡什港（Kaş）外海的乌鲁布伦沉船（Uluburun Shipwreck）应该是目前为止全世界所发现的最古老的船只，这显然是一艘国际贸易商船，因为在船上还发现了亚述（Assyrian）和巴比伦的印章、迦南（Canaanite）的黄金珠宝和武器、塞浦路斯（Cypriot）的陶器、铜器和埃及的圣甲虫，以及意大利的剑、波罗的海的琥珀等。

蓝色巡航
(Blue Cruise)

♡

🏠 Neyzen Tevfik Caddesi

🕐 早上 10:00 或 11:30 出发，17:30 或 18:00 返航

💴 简单地围绕博德鲁姆外海航行一圈，每人约 20 里拉；卡拉达岛的海底温泉和红泥浴 3 里拉

星级推荐

在博德鲁姆港湾西边最热闹的奈伊陶菲克（Neyzen Tevfik）滨海大道上，可搭乘风帆游艇，进行近海蓝色巡航一日游行程。最受游客欢迎的行程是乘游艇沿着博德鲁姆城堡外缘出海，直接驶向卡拉达岛（Karaada，意为黑色岛屿），之后换小船后登岛。这里有著名的海底温泉和红泥浴。

卡拉达岛的北侧海岸有一座大洞穴，海底温泉就从洞穴汩汩冒出，洞穴向里延伸 200 米，形成一座天然游泳池。这个洞穴又被称为"美人洞"，当地传说古代埃及艳后克娄巴特拉（Kleopatra）从罗马逃离后，待在爱琴海 3 年，沉迷于此地的泥巴浴。这些从海底挖掘出来的泥巴，呈红土色泽，可以被用来敷脸和身体。

结束卡拉达岛之旅，船会转往下一站欧塔坎特海湾（Ortakent Bay），这个宜人的小海湾拥有一弯砾石海滩，海边有简单的屋舍、餐厅及露营区。最后船会驶向"水族馆"（Aquarium）。此地虽名为水族馆，但其实是一个个海湾围绕起来的平静海域，游艇停泊在海面上，让游客自在地下水浮潜、戏水、与鱼群共游。在这里几乎都是水下行程，一定要备好泳衣。

摩索拉斯陵墓 (Mausoleum of Halicarnassus)

🏠 Turgut Reis Cad.

🕐 周二至周日 8:00-17:30，冬季至 17:00

¥ 10 里拉

必游之地 MUST-VISIT PLACES

与其他希腊时期的世界七大奇观一样，摩索拉斯陵墓（Mausoleum of Halicarnassus）现址只剩下残败遗迹供后人凭吊。有幸保存下来的大量浮雕及雕塑，目前被收藏于大英博物馆。

这座陵墓是为加里亚王国统治者摩索拉斯而建，摩索拉斯生前统治着小亚细亚西南沿岸的大片土地，并把都城迁到今天的博德鲁姆。他病逝之后，其妻阿尔忒弥

西娅（Artemisia）感念夫妻情深，照着摩索拉斯生前所规划的图样，从希腊各地请来许多著名的建筑师和雕刻家，打造出这座空前的伟大建筑。建筑本身汇集了各种风格流派，被后人誉为陵墓建筑的典范，摩索拉斯变成了陵墓的代名词，西方词汇中的 Mausoleum（陵墓）一词，即源于此。这座陵墓奠基在一个长 38 米、宽 32 米的墩座上，像是一座气势宏伟的神庙，它四面环绕着爱奥尼亚式（Ionic）柱廊，柱廊顶着一座 24 阶金字塔构成的屋顶。陵墓上的浮雕及雕塑也堪称艺术史上的杰作，据说希腊最优秀的雕刻家中有 5 位参与了陵墓的装修，其中有两尊雕像被认定是摩索拉斯和阿尔忒弥西娅夫妇。

住在
博德鲁姆

维斯塔滨海酒店
Hotel Marina Vista
★★★★

🏠 Neyzen Tevik Cad. No.168
　　Marina Karşısı
☎ 252 313 0356

仿古剧院酒店
Antique Theatre Hotel
★★★★

🏠 Kibris Sehitleri Cad. 169
☎ 252 316 6053
🌐 www.antiquetheatrehotel.com

博德鲁姆酒店
Salinas Beach Hotel
★★★

🏠 Asarlık Mevkii Metin Akman
　　sk. No.1 Gümbet/Bodrum
☎ 252 319 6824
🌐 www.salinasbeachotel.com

古籍酒店
Hotel Gulec
★★★

🏠 Uckuyular Cad. No.18
☎ 252 316 5222
🌐 www.hotelgulec.com

费特希耶

除了赫梯帝国、波斯帝国、罗马帝国之外，土耳其还有一支古代民族被称为利西亚（Lycia），这是安纳托利亚民族的一支，在土耳其的地中海岸西部地区留下不少遗址，其文化深受希腊、波斯及罗马影响。其中桑索斯（Xanthos）是当时的首都之一，也是最宏伟的城市，它包括了一座罗马剧场及不少石柱上刻着利西亚碑文的坟墓，到了罗马帝国时代，利西亚成为其中一省。今天利西亚人遗留给后代的，大多数是那些雕刻在岩壁上的坟墓和石棺。联合国教科文组织于1988年把桑索斯至莱顿（Letoön）一路延伸下来的利西亚人遗址列入《世界遗产名录》，其中费特希耶是这个区域的出入门户及文化重镇。

费特希耶交通

如何到达——
长途巴士

有长途巴士联结穆拉（Muğla）和安塔利亚（Antalya）两座地中海区域的大城市，费特希耶位于穆拉东南方150千米，如果到安塔利亚，走陆路约4小时，走海路则要7小时。

市区交通

费特希耶的公交车总站位于市中心东边2千米，沿着主干道阿塔图尔克大道到 Çarşı Caddesi 两条街之间有单行的迷你巴士。如果要前往郊区及周边景点，可以在市中心东边1千米处的迷你巴士总站搭乘。

旅游咨询

游客服务中心

🏠 İskele Karşısı No.1

☎ 252 614 1527

精华景点

阿敏塔斯之墓
(Tomb of Amyntas)

🏠 位于费特希耶镇东南面的崖壁上
🕐 8:00-19:00
¥ 4 里拉

费特希耶是一座群山环抱的小港湾，小镇的东南面尽是陡峭的岩壁，有些地方甚至呈垂直 90°，这里就有几座典型的利西亚崖窟坟墓，其中最著名的就是阿敏塔斯之墓。一天的行程从清晨爬到岩壁之上俯瞰整座费特希耶港湾开始。而整个坟墓的时代可追溯到公元前 350 年，半露方柱之间是两根爱奥尼亚式立柱，呈现出非常典雅的神庙式立面，颇具可看性。一般认为阿敏塔斯应该是一位国王，或是泰尔梅索斯（Telmessos，费特希耶的古地名）的行政首长。

费特希耶考古博物馆
(Fethiye Arkeoloji Müzesi)

🏠 Atatürk Cad.
☎ 252 614 1150
🕐 周二至周日 8:30–17:00
¥ 2 里拉

必游之地 MUST-VISIT PLACES

　　要想更深入了解当时利西亚人的文化，便得进到博物馆里，费特希耶考古博物馆便是个中翘楚，特别是莱顿（Letoön）被水淹去大半后，所遗留下来的文物都收藏在这里。而其中值得留意的是利西亚最重要的文物——各式各样的石碑（Stele）：一种是放在坟墓上，刻有死者与亲友人像的石碑；一种是"应许石碑"（Promise of Stele），即把对神明许愿的承诺刻在石碑上。馆中最重要的一块石碑上面刻有利西亚语、希腊语、阿拉米语（Armaic，古叙利亚语）三种文字，石碑大意是记载考诺斯国王（King Kaunos）花钱做善事来荣耀神明的故事。

桑索斯－莱顿遗址
(Xanthos & Letoön Örenyeri)

🏠 位于 Kınık，距离费特希耶 63 千米，从费特希耶迷你巴士站出发车程约 1 小时

🕐 8:00-18:00，冬季至 17:00

💴 桑索斯 4 里拉，莱顿 8 里拉

　　虽然在费特希耶一带看了不少利西亚人所遗留的石棺、崖窟坟墓，但在这么多的利西亚遗迹中，只有桑索斯与莱顿被列入《世界遗产名录》，足见其意义非凡。但今天要在这两个遗址中找到与利西亚文化相关的蛛丝马迹，并不是特别容易。像桑索斯的罗马剧场、莱顿的圆形剧场和三座神殿（阿波罗神殿、阿苷密斯神殿、勒托神殿）建筑其实都是后来罗马时代的产物，但从那高耸的石棺和坟墓还是可以大概猜想出利西亚文化的面貌。而考古出土的大量珍贵文物，目前大多数在英国的大英博物馆以及伊斯坦布尔的文物博物馆里。

达利安与苏丹尼耶温泉

(Dalyan & Sultaniye Kaplıcaları)

🚌 位于博德鲁姆前往费特希耶的路上，与费特希耶之间约 1 个小时车程

☎ 252 284 4235

❗ 达利安镇上沿着河边有好几家提供游程的旅行业者，可以自行比较各家价格和本身需求，其中 Kardak Tourism 提供的服务较好

星级推荐

达利安原本只是一个有河流经过的小渔村，因为邻近有利西亚人的崖窟墓穴以及拥有十分有趣的泥巴浴而逐渐发展成一座旅游小镇。一进小镇，会被两头堆积在一起的海龟雕像所吸引，每年 5—9 月之间，绿蠵龟及赤蠵龟都会来到附近的伊足苏海滩（İztuzu Beach）上岸产卵，海龟亦成了这座小镇的精神象征。

达利安小镇被达利安河贯穿，河上泊满载客的平底船。沿河游览是此地的一大卖点，但游客到此最主要的目的是前往苏丹尼耶温泉（Sultaniye Kaplıcaları）享受特殊的泥巴浴。此外，游船还停靠考诺斯（Kaunos）遗址及地中海沿岸的伊足苏海滩，游客可自行前往参观玩耍。上午的行程可安排沿河游览，平底船沿着平稳的达利安河航行，一边是游船和小镇，一边是陡峭山壁及芦苇，近乎 90° 的山崖上，凿出一个个五角形的利西亚人墓穴，其壮观的景象令人难忘。而游船的重头戏是苏丹尼耶温泉，下午的时间就留给温泉和泥巴浴吧。温泉温度终年维持在 39℃ 左右，泉水富含钙、硫黄、铁、钾及其他矿盐，有益于调理皮肤和治疗风湿。一旁的泥巴池也是十分有趣，先浸泡在泥巴池里，裹上厚厚黑黑的泥巴之后，再转战到阳光底下，一字排开站在大太阳下曝晒，这样的画面十分滑稽，令人忍不住要按下快门，留个纪念。

欧履德尼兹（死海）
(Ölüdeniz)
(The Dead Sea)

🏠 费特希耶东南边 8.5 千米处，从迷你巴士站出发车程约 30 分钟

☎ 252 617 0438

🕐 全天

¥ 免费

星级推荐

　　欧履德尼兹一带可以说是土耳其地中海沿岸最知名，也是最美丽的海滩。其整个海湾被群山包围，形成一座平静无波的岛湖，土耳其语"Ölüdeniz"就是死海的意思。从高处俯瞰，亮白沙滩、晶蓝海水、戏水人潮，在苍松枝叶间若隐若现的画面，成了土耳其推广旅游的风景照之一。一湾沙滩就是这个景区的活动中心，像日光浴、戏水、划船、拖曳伞、滑翔翼之类的活动都离不开这座潟湖和沙滩。而最热门的就是高崖跳伞滑翔了，从海拔 1 900 米的巴巴山（Baba）纵身跃下，飞越整座岛湖、海滩、附近的蝴蝶峡谷，如果天气晴朗，还可以看到外海的罗得岛，整趟行程约 45 分钟。如果没有勇气亲自尝试，欣赏滑翔翼的飞行英姿也别有一番乐趣。

萨克勒肯特峡谷
(Saklıkent Gorge)

🏠 从迷你巴士站出发车程约 1 小时
🕐 8:00－17:00
¥ 免费

　　萨克勒肯特峡谷位于费特希耶的东南方，不同于这一带的海岸风光，埃申河（Eşen）切穿 Akdağlar 山脉，形成一条长达 18 千米的幽僻峡谷，山高、谷深，两旁尽是垂直陡峭的山壁，水势湍急，在土耳其语中意为"隐秘山谷"，如今也是一处极受欢迎的假日休闲景区。山谷极狭，导致太阳无法照射进来，即使在夏天，河水也十分冰冷，因此这里也就成了夏日消暑的最佳去处。峡谷前段的溪水上铺有木栈道和餐饮平台，可以一边享受片刻清凉，一边享用从溪中钓上来的鳟鱼。

卡亚寇伊
(Kayaköy)

🚌 位于费特希耶西南方 10 千米处，从迷你巴士站出发车程约 30 分钟

🕐 全天

¥ 教堂 4 里拉

　　卡亚寇伊又被称为"死城"，盘踞在整个山头的废弃空屋达 2 000 多间。过去在这里居住的多半是奥斯曼时代的希腊裔居民，第一次世界大战结束以及土耳其独立之后，国际联盟（League of Nations）主导了土耳其和希腊之间一项大规模的移民计划，把希腊境内的穆斯林迁到土耳其，然后把土耳其境内的基督教徒移至希腊。由于原居民几乎都信奉东正教，于是他们被迫搬迁到希腊雅典的郊区，改名为卡亚寇伊的山城在之后变成了一座废墟，只有少数的土耳其穆斯林还留在当地。

卡什

从博德鲁姆（Bodrum）一路迤
逦向东到安塔利亚（Antalya）的地
中海沿岸，除了两端这两座大城市，
其余都是宜人的地中海小镇，卡什
是除了马尔马里斯（Marmaris）、达
利安、费特希耶、卡尔坎（Kalhan）
之外，另一个会让游客停下脚步的
小港湾。

　　卡什也不是去土耳其旅行的重
点目的地，但绝对是一个能带给人
无限惊喜的地方。被群山和大海环
绕的这座小镇，清澈的海水，街边
的商店，广场上嬉戏的顽童，景致
犹如图画一般。

卡什交通

如何到达——长途巴士

小镇卡什位于费特希耶东南方 107 千米，来往于费特希耶和安塔利亚的长途巴士会在此停留。此地距离费特希耶 110 千米，车程约 2.5 小时；距离安塔利亚 185 千米，车程约 4 小时。

市区交通

卡什市区范围不大，港口、市中心都不过咫尺之遥，是个可以悠闲散步的小镇。

旅游咨询

游客服务中心

🏠 5 Cumhuriyet Meydanı

☎ 242 836 1238

精华景点

卡雷
(德姆雷)
(Kale)
(Demre)

🚌 卡雷位于喀煦东边 45 千米，卡雷和喀煦之间有交通巴士，车程约 1 小时

🕐 尼古拉教堂：5—10 月 8:00-18:00，11 月至次年 4 月 8:00-17:00

¥ 尼古拉教堂 10 里拉

MUST-VISIT PLACES
必游之地

　　从卡什港沿着地中海往东走，一路在山路间盘桓，大海时隐时现，直到穿出山岳冈陵，进入一片肥沃平坦的河口小镇，就到达了卡雷。卡雷与一般土耳其城镇没什么两样，只是在市中心广场竖立着一尊红衣红帽、白胡白须的圣诞老人雕像。一般人总以为圣诞老人来自北欧芬兰的极圈国度，在诸多关于圣诞老人的传说中，最知名的莫过于圣尼古拉（St. Nicholas），一般也认为他就是圣诞老人传说的起源。而在公元 4 世纪，圣尼古拉正是卡雷这个地区的主教，并终老于此，故土耳其人坚称，历史上货真价实的圣诞老人其实是土耳其人。

　　小镇参观重心是建于 3 世纪的圣尼古拉教堂（Church of St. Nicholas），这是圣尼古拉于公元 343 年死后的埋骨之地，1043 年翻修成一座拜占庭式教堂。虽同为拜占庭教堂，但圣尼古拉的传说为这里赋予的意义更甚于建筑本身。

卡什港
(Kaş Port)

🏠 Kaş Port
🚌 从喀煦市中心往海边走
🕐 全天
¥ 免费

星级推荐

　　卡什在土耳其语中的意思是"眉毛"，卡什港指的就是那一湾像眉毛般的港湾。港湾后横亘着一道近乎垂直、海拔 500 米的峭崖，岩壁上镂刻着利西亚人的墓穴。在 20 世纪 80 年代旅游业起步之前，卡什还只是地中海沿岸一座沉静的小渔港，其悠闲自在的度假氛围常常吸引高崖跳伞者、潜水客、健行背包客落脚于此，因而卡什也被誉为"地中海上的探险首都"。

　　环绕着港湾，第一排是商店、餐馆、小酒吧；然后依着山势，民宿、旅馆一层层往高处堆叠上去，几乎家家都拥有极佳视野，即使只是待在居住的民宿阳台上，清晨的日出、白天的海景、傍晚的夕阳、晚上的夜景，全都可以看个够。入夜之后，环绕港湾的小酒吧、餐厅陆续点灯并播放土耳其流行音乐，比起博德鲁姆的夜生活，这里少点喧闹，多份自在。

米拉
(Myra)

🏠 从卡雷市中心往内陆（北）走 1.5 千米
🕐 8:00-18:00
¥ 10 里拉

必游之地 MUST-VISIT PLACES

　　米拉建立于公元前 5 世纪，因从事港口贸易并因供应君士坦丁堡及埃及香精而致富。与费特希耶、达利安等地的利西亚人遗址相同，这里山头上满是崖窟墓穴的凿痕，场面十分壮观。除此之外，这里还留下包括一座剧场在内的许多希腊、罗马遗迹。

奥林匹斯与凯米拉遗址
(Olympos & Chimaera)

🚌 介于卡什和安塔利亚之间，来往费特希耶和安塔利亚的长途巴士会在此停靠
🕐 8:00-18:00
¥ 3 里拉

　　奥林匹斯与凯米拉遗址是座废弃的利西亚城市，隐没在一片丛林中，小溪流穿越而过，并有林间小径可以通往海边。公元前 2 世纪，当时的奥林匹斯与凯米拉是利西亚人的重要城市之一，崇拜火神赫菲斯托斯（Hephaestus）。在众多希腊化城市中，以火神为主神的城市并不多见，其主要原因或许是距该城 7 千米远的凯米拉（Chimaera，意为吐火兽）有着终年不熄的地底瓦斯火焰。自从公元前 3 世纪该城遭受海盗攻击后，便废弃至今。

安塔利亚

安塔利亚是安塔利亚省的省会，位于地中海沿岸，是土耳其南海岸最大的城市。身为土耳其南部的交通枢纽，安塔利亚却不似伊斯坦布尔那般拥挤局促，在这里，地中海的凉意在圆弧状的港湾中回旋，常令人走着走着就忘了原本要去哪里。

　　论建城历史，安塔利亚不如其他古都显赫，来自贝尔加马的阿塔卢斯二世（Attalus II）于公元前 1 世纪来此造城，在随后 2 000 多年的岁月里，罗马、拜占庭、塞尔柱、奥斯曼、意大利等势力轮番入主安塔利亚，各派人马的争相改造使安塔利亚拥有独特的混血魅力。

安塔利亚交通

如何前往——飞机

机场位于安塔利亚市中心东边 10 千米，市区与机场间有往返频繁的机场巴士。土耳其境内与安塔利亚之间有航班直飞的城市主要为伊斯坦布尔和安卡拉，安塔利亚到伊斯坦布尔的飞行时间为 1 小时 15 分钟，到安卡拉的飞行时间为 1 小时 5 分钟。

如何到达——巴士

卡什和安塔利亚之间，在夏季有频繁的长途巴士通行，两地相距 185 千米，车程约 4 小时，到棉堡车程约 4 小时，到伊兹密尔 8 小时，到卡帕多西亚要 10 小时。长途巴士总站位于市中心北边 4

千米，有迷你巴士及免费巴士接驳到旧城区。

市区交通

安塔利亚市区有一条简单的电车线（Tramvay），沿着共和（Cumhuriyet）、阿塔图尔克（Atatürk）、费夫齐·恰克马克（Fevzi Çakmak）等主要大道，从考古博物馆站到 Zerdalilik 站，连接市区主要景点。巴士和电车都可以使用名为 Antkart 的交通卡。

旅游咨询

游客服务中心

🏠 **Cumhuriyet Caddesi 91**

☎ **242 343 2760**

精华景点

安塔利亚老城
(Kaleiçi)

- 🏠 阿塔图尔克和共和大道所环绕的老旧区域
- 🕐 全天
- ¥ 免费

安塔利亚的老城区被阿塔图尔克和共和两条大道所环绕，从钟塔到共和广场（Cumhuriyet Meydanı），从哈德良之门到奥斯曼之屋，都被包围在纵横交错、斑驳陆离的老屋、老树间。这里没有车马喧嚣，有的是安步当车的闲适，十分适合一大早花 2 个小时逛逛。

共和广场位于新旧城交界处，广场上竖立着一尊凯末尔骑马雕像，因为地势较高，附近又有电车站，是游览老城最理想的起点。从这里极目望去，远方的安塔利亚港湾舟帆点点，双脚之下则是纵横交错的老屋、老树、红色屋瓦、浓绿树叶、色彩斑斓，值得你按下快门留下美好的纪念。13 世纪的塞尔柱式建筑——意弗利叫拜塔

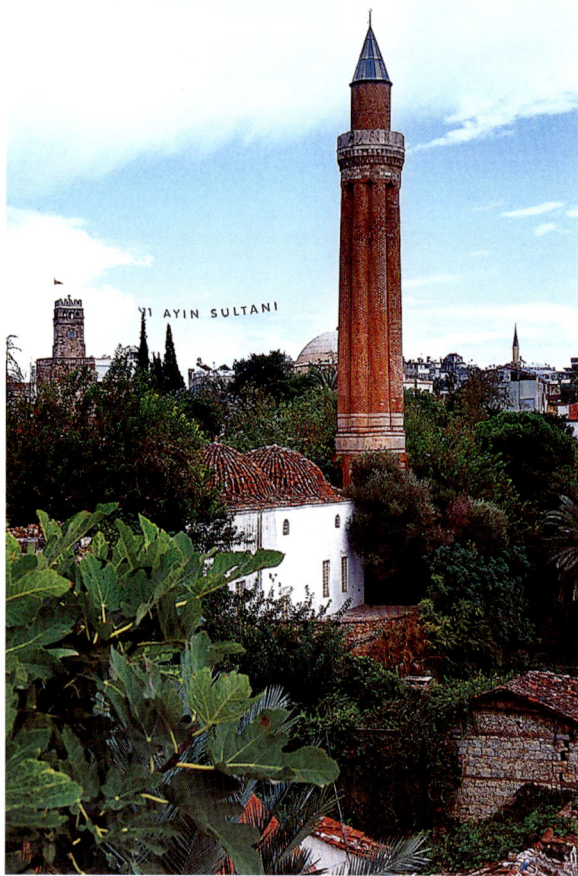

（Yivli Minare）在一片低矮老屋中高高拔起，砖红塔身镶嵌着蓝色瓷砖，是安塔利亚旧城区的地标之一。穿梭在巷弄间，会发现一幢幢古老的奥斯曼式宅邸，有的仍为普通住宅，有的则被整修成旅店、民宿、餐厅、咖啡馆、手工艺品店、博物馆等。而傍着旧城西侧的罗马港湾（Roman Harbour）则有着另一番风情，从公元前 2 世纪至今，这座海港的城墙依旧保存完好，许多餐馆、露天咖啡座巧妙地利用了城墙及码头高高低低的落差设计，在此边用餐，边欣赏美丽海景，是一种额外的享受。

安塔利亚考古博物馆
(Antalya Arkeoloju Müzesi)

🏠 Cumhuriyet Caddesi

🚌 位于市中心西边 2 千米，搭乘电车在 Müze 站下车

☎ 0242 238 5688

🕐 周二至周日 冬季 8:00–17:00，夏季 9:00–19:30

¥ 15 里拉

MUST-VISIT PLACES 必游之地

　　这座博物馆除堪称伊斯坦布尔的文物博物馆、安卡拉的安纳托利亚文明博物馆之外，是最能傲视土耳其的博物馆。馆藏的罗马大理石雕像（Roman Marble Sculpture）几乎都是出土自柏吉（Perge），是整座博物馆的精华所在。其中《舞者》及《荷米斯》这两尊放置在展厅中央的雕像是瞩目的焦点，雕像不论雕工还是体态的平衡，都属罗马时期的上乘之作。而诸如亚历山大大帝、罗马皇帝哈德良（Hardian）、图拉真（Traian），以及众神之王宙斯（Zeus）、众神之后赫拉（Hera）等希腊罗马重要神祇几乎全数到位，座座栩栩如生，就算在伊斯坦布尔的文物博物馆也难得一见。当然，石棺厅的《夫妻石棺》《赫拉克勒斯石棺》以及基督圣物室最名贵的展品——"圣诞老人"圣尼古拉的骨骸也都是参观的重点。

杜顿瀑布
(Düden Şelalesi)

🏠	安塔利亚北边 10 千米处
🕐	全天
¥	3 里拉

　　安塔利亚郊区的石灰岩地形分布着几处水势洪大的瀑布，环境优美。杜顿瀑布分为上下两区，上瀑布在安塔利亚东北方切出一条 14 千米长的美丽峡谷，顺着瀑布地势形成了许多自然步道，步道忽高忽低，有时则钻进山洞里，不同角度、每个转弯都能感受到瀑布万马奔腾的气势。在瀑布区下方，瀑布汇集成水势湍急的河流，餐厅商家沿着河边引流造景，搭建出许多特色餐厅及露天座椅，边吃饭边欣赏水景，水声轰鸣，仿佛人在水中。

柏吉
(Perge)

🚌 位于安塔利亚东北边约 15 千米，可在安塔利亚的 Meydan 或长途巴士站搭乘前往邻近城市 Aksu 的巴士，或在安塔利亚参加柏吉与阿斯班多斯的一日套装行程，约 50 欧元

🕐 5—10 月 8:00-19:00，11 月至次年 4 月 8:00-17:00

¥ 15 里拉

星级推荐

　　柏吉在历史上经历了三个重要时代：希腊时代、罗马时代，以及 5、6 世纪的基督教文明时代。希腊时代的城门是希腊时代的例证；罗马时代扩大了遗址面积，从运动场、浴场、剧院、市场的增设可知一二；接下来的基督教文明时代在柏吉留下不少教堂建筑。同安纳托利亚一些古城一样，柏吉人信仰女神阿苔密斯，不过柏

吉的城市名却没有受到希腊或罗马的影响，史学家相信"Perge"是安纳托利亚地道的地名。

进入遗址，首先是罗马时代遗留下来的罗马城门，经过罗马城门，首先看见的便是希腊城门（Hellenistic Gate）——两座半毁的圆塔式城门，塔门建于公元前3世纪，塔约4层高，3楼处有窗户。在门后的是一个椭圆形的庭院，庭院两侧各设计了6个神龛。2世纪初时，原为比西尼亚（Bithnia）总督的女儿——艺术家普兰奇亚·玛娜（Plancia Magna）在两端加长并加高了神龛，放入神话人物和城市建造者的雕像，同时还构筑了"胜利之门"。

从罗马大门进入，左边不远处即是一座石块倾圮的喷泉（Nynphaeum），主建设的三角墙上刻着阿苔密斯、阿佛洛狄忒的雕像，而当时的罗马皇帝塞维鲁（Septimius

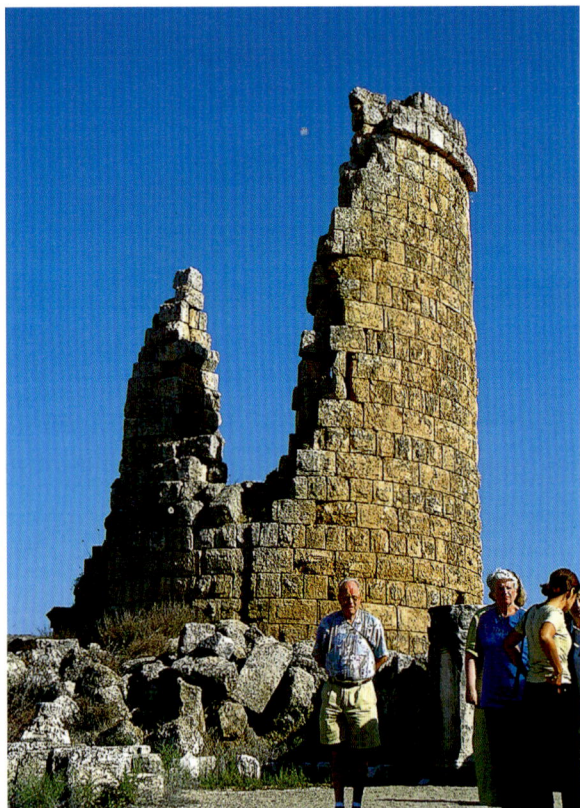

Serverus，公元 193—211 年）和王后多姆娜（Julia Donna）也在雕像之列，使得这处喷泉更显重要。

继续往前几步，来到罗马人最爱的浴场。罗马人建城首重地下水系统，这点从这座多功能厅的浴场可窥知一二。由浴场往西南方向走是运动场和剧院。剧院的保存尚称完整，约可容纳 13 000 人，是座希腊、罗马混合式的建筑，依山而建，在观众席与舞台中间又有一个半圆形场地供乐团演出使用，属于罗马式的风格建筑。经过市场，东北侧有两排等长圆柱状建筑的石柱大道（Colonnaded Avenue），大道长 300 米，石柱柱头为科林斯式，两排柱子后面分别是商店，道路中央有一条 2 米宽的水道，因此这条大道可以说是生命之路，尤其是夏季时，供水对居民格外重要。

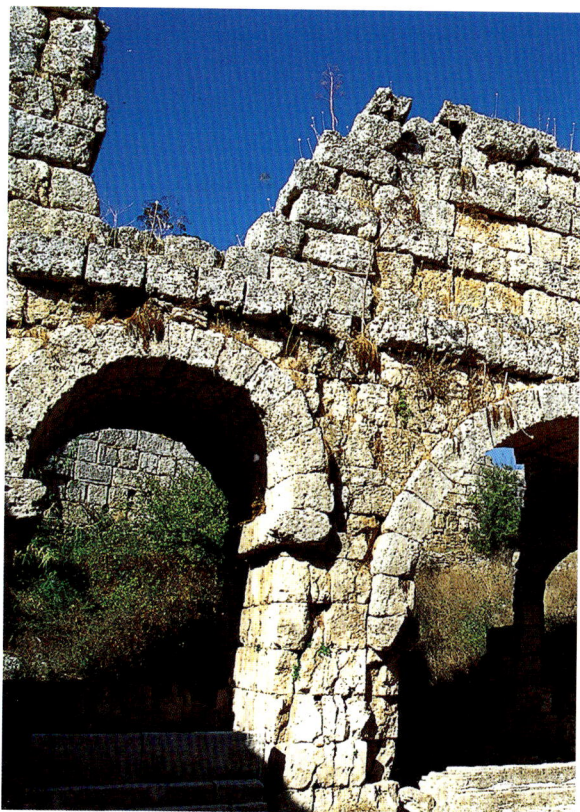

阿斯班多斯 (Aspendos)

- 位于安塔利亚东边 50 千米，在安塔利亚的长途巴士站搭乘前往邻近城市 Serik 的巴士。或在安塔利亚参加柏吉与阿斯班多斯的一日套装行程，约 50 欧元
- 5—10 月 8:00-19:00，11 月至次年 4 月 8:00-17:00
- 10 里拉

阿斯班多斯以保存完美如昔的剧院而闻名。这里的剧院建于公元 2 世纪下半叶，是全小亚细亚保存最完整的一座剧院。就结构而言，观众席上、下两区座位由中央走道区隔出，并设有通道可以疏散观众；剧院观众席下方两侧洞孔是动物专区，每当有斗兽表演，动物群就从两侧放出来；观众席前面的半圆形部分是乐队席，再前方则是舞台、布景区。

观众看台依山势而建，呈半圆形扇叶造型，并以一条中央走道分隔成上、下两区，座位与座位的间隔梯道设计比座位高度还低，方便观众脚步的移动。最上方有 59 个拱形门，内有通道也可供人走动，里外造型美轮美奂，据说还有防雨功能。同样的，席上刻着名字的少数座位是当时的贵宾席，两侧包厢则留给皇室贵族、牧师、政府要员等，当时如果女人要看表演，只能坐在最上方靠近拱廊那几排，其余座位则开放给一般市民。整个剧院的容纳量为 15 000 ～ 20 000 人。两层楼原有 40 根石柱，一楼廊柱柱头为爱奥尼亚式；二楼为科林斯式，柱与柱之间均有神龛与神像装饰，可惜这些神像如今已不知去向。二楼廊柱上方形成三角墙，正中央三角墙上雕着被女人围绕着的酒神与戏剧之神狄俄尼索斯像。有趣的是，据史料记载，当时平民百姓若要在此演出，不需要场地费，不过必须支付一笔费用当作市府的年税收入。而且当时所用的戏票并非纸张，而是用金属、象牙或动物骨头，雕成虫、鱼、花、鸟形状以区别不同的座位排号。

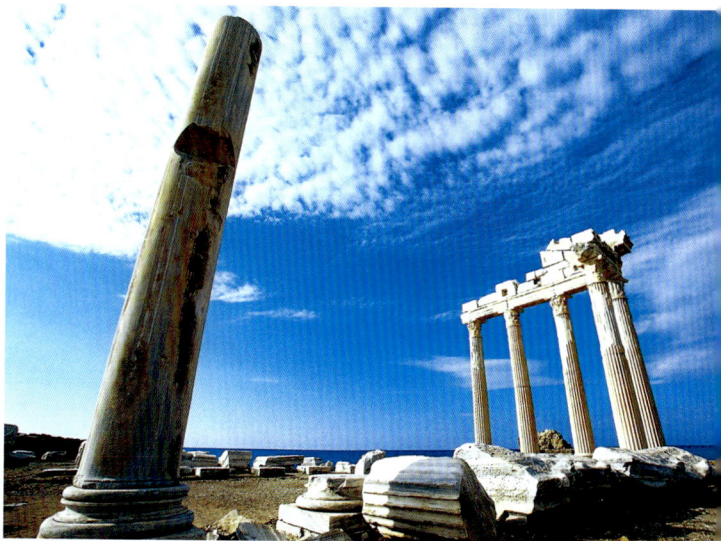

席德
(Side)

🚌 安塔利亚东北边 70 千米，在安塔利亚长途巴士
站搭乘 Manavgat Seyahat 巴士，车程约 1.5
小时

☎ 242 753 1265

🕐 8:00–17:00，夏季 8:00–19:00，博物馆周一
休馆

¥ 剧院 10 里拉，博物馆 5 里拉

公元前 2 世纪之后的很长时间内，席德始终扮演奴隶交易市场的重要角色，7 世纪时，整座城市被阿拉伯人焚毁，直到塞尔柱时期，席德才从废墟走出来。土耳其境内的希腊、罗马古迹何其多，但是能紧临着地中海，结合了罗马古迹、度假中心及购物中心于一身，又与大海为伴的大概只有这里了。从城镇中心向南走到海岸，阿波罗与雅典娜神殿（Temples of Apollo and Athena）就挺立在一片倾倒的石块之中，尽管只剩下 5 根柱子，但门楣带状装饰上的美杜莎（Medusa）头像依然清晰可辨，最难得的是神殿背后就是大海，置身其间仿佛身处在希腊爱琴海小岛间。席德还有另一处重要古迹——大剧院，这也是安纳托利亚几座现存的大型剧院之一，可以容纳 15 000 名观众，剧院最早建于希腊时期，到罗马时期又扩大规模，夏季有音乐会表演。

住在
安塔利亚

拉帕洛玛酒店
La Paloma Pansion
★★★★

🏠 Kilicaslan Mahallesi
Tabakhane Sok.3
☎ 242 244 8497
🌐 www.lapalomapansion.com/
turkce/index.html

阿尔卑斯帕萨酒店
Alp Paşa
★★★★

🏠 Barbaros Mh. Hesapcı Sk. 30,
Kaleiçi
☎ 242 247 5676
🌐 www.alppasa.com

Tekeli Konakları
★★★★

🏠 Dizdar Hasan Sokak Kaleiçi -
Antalya
☎ 242 244 5465
🌐 www.tekeli.com.tr

Doğan Hotel
★★★★

🏠 Mermerli Banyo Sok. No.5
Kaleiçi
☎ 242 247 4654
🌐 www.doganhotel.com

希尔赛德苏酒店
Hillside Su Hotel
★★★★★

🏠 Konyaaltı, 07050 Antalya

☎ 242 249 0700
🌐 www.hillside.com.tr

图瓦纳酒店
Tuvana Hotel
★★★★

🏠 Tuzcular Mah. Karanlik Sok.
No.18 Kaleici
☎ 242 247 6015
🌐 www.tuvanahotel.com

普定码头酒店
Marina Residence
★★★★

🏠 Mermerli Sk. No.15, 07100,
Kaleiçi
☎ 242 247 5490
🌐 www.marinaresidence.net

阿尔戈斯酒店
Argos Hotel
★★★

🏠 Balik Pazarı Sokak No.6,
Kaleiçi
☎ 242 247 2012
🌐 www.argoshotel.com

安塔利亚阿斯彭酒店
Aspen Hotel Antalya
★★★★

🏠 Mermerli sok.No.25 Kaleici
07100 Antalya
☎ 242 247 0590
🌐 www.kyr.com.tr

北塞浦路斯

这座位于地中海东端的小岛充满了阳光、海滩、赌场及复杂纠葛的历史。千百年来，塞浦路斯一直是兵家必争之地，一个接一个的民族、政权来来去去，基督教势力、伊斯兰教移民、英国殖民都在这座小岛上相继上演自己的历史。

岛屿目前由居住在岛上的希腊裔和土耳其裔一分为二，北塞浦路斯实际上是由土耳其政府控制，也只有土耳其承认其国际地位，南边则是由希腊裔居民组成的塞浦路斯共和国，现在已是欧盟的成员国。过往的冲突已远，北塞浦路斯以其融合希腊及土耳其文化的独特风情、地中海气候晴朗干燥的天气，吸引了许多人来此度假。

北塞浦路斯交通

如何到达——飞机

所有进入北塞浦路斯的航班皆由土耳其中转，其形式有两种：一是从英国、德国等地"直飞"的航班，中途需停经伊斯坦布尔机场，不需要出舱，等待1小时左右再飞往北塞浦路斯；另一种是在伊斯坦布尔机场转机，现有五家航空公司在运行，包括土耳其航空和北塞航空。另外，安卡拉、安塔利亚等大城市都有飞往首都尼科西亚的飞机。机场在尼科西亚（Nicosia）的东边，入城只有出租车可以搭乘。

如何到达——轮渡

土耳其南方地中海的小镇塔叙古（Taşucu）港口有快船可到达吉尔尼，约3小时。大城市梅尔辛（Mersin）则有固定船班开往法马古斯塔，但航程需一整个晚上的时间。由于与土耳其关系密切，由土耳其进入北塞浦路斯一律不需要另外签证。

岛上交通

尼科西亚、吉尔尼、法马古斯塔之间有迷你巴士行驶，去往其余地区只能搭乘出租车。

旅游咨询

游客服务中心

🏠 İnönü Meydanı Girne Kapısı

☎ 392 227 2994

🌐 www.northcyprus.cc

精华景点

萨拉米古城遗址
(Salamis)

🏠 Gazimagusa (Famagusta), Famagusta, Cyprus

🕐 9:00–17:00

¥ 15 里拉

位于法马古斯塔北方 8 千米之外的萨拉米古城遗址，是北塞浦路斯最重要的古城，考古挖掘出来的遗迹占地广阔，壮观地伸展到海岸旁。由于盛产铜矿，这里自古以来就是重要的贸易地点，并发展成一个独立城邦，曾经是塞浦路斯岛最富裕、繁荣的城市。虽然历史已远，但走在城墙、市场、港口、竞技场、剧场、浴池、神殿的废墟之间，仍能感受到千年前的辉煌。在古城的许多角落，仍然可以看到许多马赛克地砖，与烈日下白花花的建筑体构成令人目眩的对比。

卡帕斯半岛
(Karpass Peninsula)

🖤

- 🏠 North Cyprus
- 🚌 独自前往必须在当地租车，黄金海滩营地有换乘服务
- 🕐 全天
- 🌐 www.burhansgoldenbeach.com

卡帕斯半岛位于北塞浦路斯东北方，属吉尔尼，像一把又长又利的细剑刺向天际，远离了被五星级饭店与赌场包夹的景象，是最"纯粹"的塞浦路斯。陡峭狭窄

的海岸公路上，处处是海天一色的壮丽景观，在习习海风及寂静的天空与海洋间，仿佛置身于海角天涯。黄金海滩（Golden Beach）是半岛上最著名的海滩度假胜地，有便利的食宿设施、露营地及一大片洁净的沙滩，令人流连忘返。再往北走，在半岛尖端一处岬角边，有一座建于 12 世纪的使徒安德烈修道院（Apostolos Andreas Monastery），这是塞浦路斯基督教徒最重要的朝圣之地。

安卡拉

安卡拉是土耳其的首都，这个国家的第二大城市，地位仅次于伊斯坦布尔。当年，凯末尔将首都从伊斯坦布尔迁都到安卡拉的同时，转身背向位于博斯普鲁斯海峡的托普卡珀宫和奥斯曼清真寺，这意味着他宣示土耳其从此告别腐败的奥斯曼帝国，一个新的共和国在安卡拉重新出发。

　　几十年过去了，安卡拉已经迅速从一个几万人口、尘土飞扬的小城镇发展成人口数百万、大厦林立的大城市。大街上川流不息的汽车，两旁林立的高楼，处处一派现代都市的繁荣景象。

安卡拉交通

如何到达——飞机

安卡拉埃森博阿机场位于市中心北边 33 千米处，几乎所有土耳其国内航线都会在此交会，到伊斯坦布尔航程约 1 小时，到伊兹密尔约 1 小时 15 分钟。机场航站每半小时有机场巴士通往市区的巴士总站 AT，车程 30 分钟，票价 10 里拉。也可以搭乘 442 号市区巴士前往巴士总站 AT 或市中心，票价 3.4 里拉。

如何到达——火车

许多城市都有去往安卡拉的火车，但以伊斯坦布尔的班次最频繁，按车次车程 6~10 小时不等，从伊兹密尔出发则要 13~15 小时。火车站安卡拉站（Ankara Garı）就在市中心，地铁通达。

如何到达——巴士

因为是首都而且位于国土中心，几乎所有具有一定规模的城市都有长途巴士通往安卡拉，伊斯坦布尔出发车程 6 小时，伊兹密尔出发车程 8 小时。公交车总站 AT 位于市区西边，与地铁 Ankaray 相连，到市中心只要 10 分钟，也有免费巴士到市中心。

市区交通

安卡拉的巴士四通八达，几乎所有重要景点都能以巴士、火车到达。地铁则有两条线，一条是 Ankaray，一条是 Metro，也是串联了主要的景点。安卡拉有一种两条地铁和市营巴士通用的回数票，2 回 3.4 里拉，10 回 14 里拉，20 回 28 里拉。除此之外，出租车也很方便。

旅游咨询

游客服务中心

🏠 Gazi Mustafa Kemal
   Bulvarı121,Maltepe

☎ 312 231 5572

精华景点

安纳托利亚文明博物馆

(Anadolu Medeniyetleri Müzesi)

🏠 Saraılar Sokak
🚇 地铁及公车站 Ulus
☎ 312 324 3160
🕐 8:30–19:15
💴 15 里拉

该博物馆在土耳其的重要性仅次于伊斯坦布尔的文物博物馆，其收藏品多半以安纳托利亚这块土地上的古代历史为主轴，一楼主展场一再出现的希腊罗马大理石雕像完全呈现古代土耳其本土的意象。博物馆本身的建筑是一座15世纪的有顶市场（Bedesten），屋顶上面有10个圆顶。可参观展品大致从旧石器时代、新石器时代、石器铜器并用时代、青铜时代、亚述帝国（Assyrian）、弗里吉亚（Phrygian）、乌拉尔图（Urartian）、吕底亚（Lydian）依着逆时针方向排列下来，其中曾经在安纳托利亚历史上扮演极重要角色的赫梯帝国（Hittite）文物占据展厅正中心的主要空间。而希腊罗马时期的雕像则被安置在地下楼层。赫梯帝国遗物以此馆的收藏最为完整，最著名的半狮半鹫兽、雷神浮雕、狮身人面像、狮子门等石雕作品，质量均佳，值得驻足。

安卡拉城堡 (Ankara Kalesi) ♥	🏠 Hisarparkı Caddesi 🚌 公交车 Hisar 站，或地铁 Ulus 站徒步 20 分钟 ☎ 312 232 5800 ¥ 20 里拉

　　安纳托利亚文明博物馆旁的山丘上就是安卡拉城堡。公元 622 年，安卡拉被波斯人占领，838 年又被阿拉伯人攻陷，防守军队在高处兴建防御城堡。整座城堡分成内外墙，外墙建于 9 世纪时拜占庭皇帝米迦勒三世时期，内墙建造时间则可追溯到 7 世纪，兴建时间正好对应两次被侵略的历史，其建造所使用的建材，取材自罗马时代所留下来的城墙石块。发展迅速的安卡拉在此处仍然保留着古老样貌，顺着山丘爬上城堡之前，穿梭在巷弄间，老旧的房舍、狭窄的巷弄、幽暗的光线，仿佛一座乡下小村落。在这里，人们还过着传统生活，妇人们或坐在自家门前或倚着城墙边整理毛线、编织手工艺品。不少老房子也经过整建变成视野极佳的咖啡屋、茶店、餐厅

及纪念品店。还有不少商店出售羊皮、羊毛，提醒着人们，这里还是以安哥拉羊毛闻名的古城安哥拉。不妨在此处闲逛一番，当然也不要忘记用相机记录下这里的慢生活。城堡最北侧的白色堡垒（Ak Kale）是最高点，从这里可以俯瞰城市的全景。

罗马浴室 遗址 (Roma Hamaları)	⌂ Çankırı Cad.，地铁 Ulus 站徒步 15 分钟 🕐 8:00-17:00 ¥ 3 里拉

罗马浴室由罗马皇帝卡拉卡拉大帝（Caracalla）建于公元 3 世纪，遗址沉睡了千余年才于 1939 年被世人发现。该遗址的各项功能仍然清晰可辨，并且还在浴室遗址的下方发现了更早期的古迹——公元前 6— 8 世纪的弗里吉亚（Phrygian）遗迹。

阿塔图尔克陵墓
(Anıt Kabir)

- 🏠 Anıt Cad, Anıttepe
- 🚌 公交车 Anıttepe 站，地铁 Tandoğan
- ☎ 312 231 7975
- 🕐 9:00–17:00，博物馆 9:30–12:30、13:30–17:00
- ❗ 入场有安全检查

　　阿塔图尔克陵墓有个土耳其名称——阿尼特卡比（Anıt Kabir），这里是现代土耳其国父穆斯塔法·凯末尔·阿塔图尔克（Mustafa Kemal Atatürk）的长眠之地，陵墓占地辽阔，不但是当地居民游憩的空间，更是旅行中不可错过的景点。参观重点包括公园、广场、陵墓、两座塔及陈列凯末尔遗物的博物馆。

　　从西侧陵墓大门进入，接近陵墓时，会看到左右两座低塔："自由塔"（Hurriyet Kulesi）和"独立塔"（İstiklal Kulesi），用以陈列陵墓建筑的信息及凯末尔丧礼的照片，由此可了解整个陵墓景区。双塔前方是一条长长的由 24 只赫梯帝国的石狮形象构成的石狮大道，象征着权势和

力量。走过石狮大道，便进入陵墓主体。整个陵墓建筑群由东西南北四条柱状回廊围出一个四方形大广场，正面"荣耀大厅"是整个建筑群的重点。顺着阶梯拾级而上，来到柱廊下，大门左右两侧浮贴着涂上金粉的铭文，这些铭文会定时更换，内容都是凯末尔的"嘉言录"。从这里再穿过巨大铜门，走进室内得脱下帽子，高挑空荡的厅堂正中靠北侧的尽头就是凯末尔的石棺，石棺由一整块特殊的彩色大理石制成，然而他的遗体并没有安放在石棺里，而是埋在地底下。除了凯末尔本人的陵墓，在荣耀大厅正对面的回廊下，还有土耳其第二任总统伊斯麦特·伊诺努（İsmet İnönü）的石棺，他是凯末尔当年的革命伙伴。整个庄严肃穆的陵墓区不能缺少守陵的卫兵，他们一个个钉子似的站在各自的岗位上，透出一身剽悍之气。如果遇上卫兵交接，或者有贵宾前来谒陵，卫兵会进行操枪表演。

哈图沙什遗址
(Hattuşa)

🏠 位于首都安卡拉东方 200 千米，哈图沙什其实是遗址名称，距离它最近的城镇是博阿兹柯伊（Boğazkale），从安卡拉有巴士前往，车程 3 小时

☎ 364 452 2006

必游之地 MUST-VISIT PLACES

　　凡是对古代赫梯帝国有兴趣的人，一定得来到哈图沙什朝圣。赫梯在早期的安纳托利亚历史里，扮演着极其重要的角色，是古代世界中足以与古埃及匹敌的王朝帝国。双方曾兵戎多年，并签订和平条约，当时的埃及国王正是史上赫赫有名的拉美西斯二世（Ramesses II）。

哈图沙什如今被列入《世界遗产名录》，除了哈图沙什城墙遗址之外，还包括附近的亚兹里卡亚（Yazılıkaya）这个宗教圣地的岩石雕刻。哈图沙什曾经是一座非常迷人的城市，城墙绵延达 7 千米，今天的遗址里，最引人瞩目的就是面向西南方的狮子门。门两边刻着的两头狮子，不仅是保卫城市的象征，还有远离灾厄的寓意。除了狮子门之外，立有两尊"战神"的帝王之门、狮身人面像遗址、大神殿及大堡垒也是值得重点参观，可在此观摩体会赫梯帝国曾有的辉煌荣耀。

科尼亚

　　科尼亚是土耳其最古老的城市之一，早在 12—13 世纪，曾经是塞尔柱帝国的首都，如今在这里依然能够看到大量的塞尔柱风格的古迹。

　　如果你已经在伊斯坦布尔或其他地方见识过旋转舞表演，一定会好奇，究竟是什么样的地方或什么样的背景，会诞生出像旋转舞这样的宗教仪式？而科尼亚就是答案所在。

　　位于安纳托利亚高原中央的科尼亚，一直是穆斯林的朝圣之地，因为这里是他们的精神导师梅芙拉纳（Mevlâna）的终老之所，他也是旋转舞修行方式的创始者，每年总有超过百万的人前来他的陵墓拜谒。

科尼亚交通

如何到达——飞机及火车

火车站就在市区，火车可到达伊斯坦布尔。伊斯坦布尔和安卡拉都有班机到达科尼亚，机场离市区约25千米。

如何到达——长途巴士

土耳其各大重要景区几乎都有长途巴士通往科尼亚，从安塔利亚出发需6小时，从安卡拉出发需3.5小时，从卡帕多西亚和帕慕卡莱出发也需6小时。

市区交通

市中心几乎所有景点都可步行到达，而最方便的公共交通工具是地面电车，电车沿着Mevlna路和阿拉丁山丘而行，车票在车站附近的售票亭均有销售。

公交

科尼亚的公交车总站位于市中心以北14千米处，从总站东侧搭地面电车（Tramvay）前往市中心的阿拉丁山丘（Alaettin Tepesi），车程约30分钟；也可以转搭迷你巴士到Mevlna路。

旅游咨询

游客服务中心

🏠 Mevlâna Caddesi 73

☎ 332 353 4021

🌐 www.konyakultur.gov.tr

精华景点

阿拉丁山丘
(Alaaddin Tepesi)

🏠 Alaaddin Tepesi
🕐 全天
💴 免费

星级推荐

　　阿拉丁山丘位于科尼亚市中心，林木茂密，是一座可供民众休憩的公园，有电车环着山丘脚下运行。它是几个世纪以来聚落不断发展、往上一层层堆积所形成的。山丘顶上，可以俯瞰现代科尼亚，科尼亚的几个重要景点诸如阿拉丁清真寺、卡拉泰博物馆、木雕与石雕博物馆，几乎都围绕在周边，上午闲适地散步便可一次逛完。

卡拉泰博物馆
(Karatay Müzesi)

🏠 Alaaddin Meydani
☎ 332 351 1914
🕐 8:30~12:00，13:00~17:00
¥ 5 里拉

卡拉泰博物馆的建筑本身建于 1251 年，在塞尔柱时代是一座宗教学院，门口那座惊人的大理石大门上装饰着的塞尔柱样式的美丽浮雕，博物馆里则收藏了许多塞尔柱时期的蓝绿色瓷砖，都是大师之作，是镜头不可不收录的焦点。至于大厅的圆顶也是一景，环绕圆顶所雕的铭文是《古兰经》的第一章，下面饰有一组组三角形图案，每 5 个成一组，到了正中间则变成正二十四边形，而这些三角形图案上头则有伊斯兰教各个先知的名字。

阿拉丁清真寺
(Alaaddin Camii)

🏠 Merkez Beysehir
🕐 9:00~17:30
💴 免费

阿拉丁清真寺隐身在山丘顶上的树林中，建筑本身是 1221 年一位大马士革的建筑师以阿拉伯样式完成的，几个世纪以来，清真寺经过整建、重新美化，已经是一座结合多重风格的综合体。清真寺外观平淡无奇，但里面就像是一丛石柱森林，那一根根大理石石柱是从罗马时代的古迹拆下来的，但柱头是十足的拜占庭风格，而麦加朝向壁龛又是塞尔柱时代的产物。

木雕与石雕博物馆
(Museum of Wood & Stone Carving)

🏠 Hamidiye Mah. Alaaddin Bulv. No:15 Meram Merkez, Meram
☎ 332 351 3204
🕐 8:30~12:00，13:00~17:00
💴 3 里拉

木雕与石雕博物馆的建筑时间稍晚，原为伊斯兰宗教学院，从外观看，其中当数叫拜塔最为特别，线条简练而优雅，因此这座学院又有一个名称——细长叫拜塔的宗教学院（İnce Minare Medresesi）。从馆内收藏可以发现，虽然塞尔柱人信奉伊斯兰教，却没有禁止他们使用一些形象进行艺术创作，所以这些雕刻作品不断出现鸟、人、狮子、豹以及塞尔柱的双头鹰。

梅芙拉纳博物馆
(Mevlâna Müzesi)

⌂ Selimiye Cad. Mevlâna Mahallesi
☎ 332 351 1215
⊙ 9:00-17:00，每周一 10:00 开放
¥ 2 里拉
❗ 和清真寺一样，进入博物馆也要脱下鞋子，女性得包头巾，馆内不允许拍照

MUST-VISIT PLACES 必游之地

对穆斯林而言，这里是非常神圣的地方，每年都有许多穆斯林不远千里而来，就为了进入博物馆朝圣，并一睹伊斯兰教的珍贵圣物。博物馆前身是伊斯兰苏非派旋转苦行僧侣修行的场所，与其说这里是一座博物馆，不如说它是一所圣殿，因为创始人杰拉雷丁·鲁米（被其追随者尊称为"梅芙拉纳"，即阿拉伯语"我们的导师"）就埋葬在里面。其诗集和宗教著作在伊斯兰世界享有崇高地位，是苏非派神秘主义非常重要的思想家，并发展出心灵合一与宇宙大爱的哲学思想。梅芙拉纳所创的旋

转苦行修行，主要是通过歌谣和旋转舞寻找和安拉之间的神秘结合，以"爱"为最高教义精神，宣扬容忍、谅解，进行修行便能从日常生活的痛苦、焦虑中解脱。

博物馆的外观十分显眼，远远就可以见到那笛子般的尖塔及塔身所覆盖的蓝绿色瓷砖。进入博物馆区，中庭的水池曾为苦行僧侣净身之用，今天也可让前来朝圣的信徒使用。中庭两侧分成两个主要展区，一边是梅芙拉纳的陵墓及伊斯兰教圣器；另一边则展示了旋转僧侣的苦行生活。顺着人潮进入陵墓，注意入口左手边有一个大的铜碗，称作"四月的碗"（Nisan tası），里面放着4月春天的雨水并浸着梅芙拉纳的头巾。继续往前走，视觉焦点就是那一座座大大小小的石棺，梅芙拉纳在死之前曾指示："坟墓不管怎么盖，只要不比蓝色苍穹更为

华丽就可以了。"后人便盖了这座拥有天空蓝色的尖塔，将他的石棺安置在正下方。最大的那座石棺是梅芙拉纳的，旁边还有他的父亲以及其他地位较高的苦行僧的石棺，梅芙拉纳石棺上缠着巨大的头巾，象征其无上的精神权威。

陵墓旁边是"仪式厅"（Semahane），这是过去苦行僧跳旋转舞的地方，如今则陈列着进行仪式时所演奏的乐器、僧侣佩戴的念珠和使用的法器等。再以逆时针方向走，仍然展出着从塞尔柱到奥斯曼时期伊斯兰教的重要收藏，包括各种版本的《古兰经》、土耳其毯、吊灯、木雕的麦加朝向壁龛等，当然最重要的是一只珍珠贝宝盒，据说里面放着穆罕默德的胡须。走出陵墓，水池对面的展区则有许多僧侣模型还原当时在道场的苦行生活。

图兹湖
(Tuz Golu)

- 距离梅芙拉纳博物馆约 130 千米，需租车前往或咨询当地旅行社
- 全天
- 免费

图兹湖（Tuz Golu）位于科尼亚北部约 130 千米处，距离安卡拉约 50 千米，是一处天然盐湖，土耳其 70%~80% 的食用盐出自此湖。远看湖面仿佛一面镜子，走近一看，湖滩上全是白花花的盐粒。图兹湖给人整体的感觉是空灵、静谧、神秘，丝毫不逊色于玻利维亚天空之镜——乌尤尼盐沼。在这里，天气晴朗的时候，可以沉醉于蓝天白云的倒影与行走其间的人相映成趣的画面；欣赏日出和晚霞的绚丽画卷，晚上若有幸还可以一睹银河美景。

卡帕多西亚

数百万年前，卡帕多西亚东西方两座逾 3 000 米的艾尔吉耶斯山（Erciyes）和哈桑山（Hasan）火山大爆发，岩浆四溢，火山灰淹没了整片卡帕多西亚，经过百万年持续不断的风化及雨水的冲刷，在大地刻划出线条，软土泥沙流逝，留下坚硬的玄武岩及石灰岩突兀地挺立，或形成山谷，或磨成平滑洁白的石头波浪，更留下奇妙的骆驼岩、香菇头及仙人烟囱。从公元前 1200 年起，赫梯人、弗里吉亚人、波斯人、希腊人、阿拉伯人、突厥人在岩石上、在地底下凿出一段一段的历史，东西文明在此碰撞，不同的文化不但没有被湮没，反而彼此交融，这种成就和自然的力量同样神奇。

　　卡帕多西亚，东到开塞利（Kayseri），西到阿克萨赖（Aksaray），南到尼代（Niğde），北到哈吉贝克塔什（Hacıbektaş），广达 2 万平方千米，就旅游价值来说，由内夫谢希尔（Nevşehir）、格雷梅（Göreme）以及于尔古普（Ürgüp）构成的三角地带，是卡帕多西亚的精华区。

卡帕多西亚交通

如何到达——飞机

卡帕多西亚有两座机场,一座位于开塞利郊外,一座位于内夫谢希尔。从伊斯坦布尔或安卡拉都有飞机直达。

如何到达——长途巴士

从伊斯坦布尔到卡帕多西亚搭长途巴士很方便,从伊斯坦布尔出发的直达车车程12小时,从安卡拉出发需5小时,从安塔利亚、棉堡、塞尔丘克出发均需10小时,从科尼亚出发需3小时。

市区交通

整个卡帕多西亚以格雷梅、于尔古普、阿瓦诺斯、内夫谢希尔这几个地方为主要基地,夏季时彼此之间往来的交通巴士非常频繁,当然要前往其他卡帕多西亚重要景点也很方便。其中内夫谢希尔虽然本身没什么景点,但因为是区域行政中心,所以交通非常便利。

旅游咨询

市中心游客服务中心

内夫谢希尔

🏠 Atatürk Bulvarı

☎ 384 213 4260

于尔古普

🏠 Parkiçi

☎ 384 341 4059

阿瓦诺斯

🏠 Atatürk Cad. No.55

☎ 384 511 4360

精华景点

格雷梅与格雷梅露天博物馆
(Göreme & Göreme Açık Hava Müzesi)

🏠 Muze Yolu, Goreme
☎ 384 271 2167
🕐 8:00 至日落
¥ 格雷梅露天博物馆 15 里拉，进入黑暗教堂要再付 8 里拉

MUST-VISIT 必游之地 PLACES

　　格雷梅可以说是整个卡帕多西亚地区最具代表性的小村落，它只有 1 平方千米，但是地形景观、洞穴小区、壁画都是最丰富的，从这里开始在卡帕多西亚之行的第

一天再好不过了。格雷梅的意思是"让你看不到"，能让阿拉伯人看不到躲在洞穴小区中的基督徒，靠的是在巨石中挖出教堂、住所和豢养牲口的洞穴小区，形成共同居住、共同生活的文化。各种不同形状的岩石以及各式各样的洞穴旅馆、民宿、洞穴餐厅，这里一样也不少。往村庄外围走，周边山谷间一整片的奇岩怪石更有"格雷梅奇观"之称，一定会让你的眼睛忙个不停。

至于一级景点当然就是名列《世界遗产名录》的格雷梅露天博物馆，露天博物馆里的洞穴教堂，保留了完整的宗教壁画。露天博物馆中的教堂约有 30 座，全是 9 世纪后躲避阿拉伯军队的基督徒所开凿的，墙上的壁画更是艺术杰作。其中值得特别参观的当属苹果教堂、蛇教堂、圣芭芭拉礼拜堂、圣巴西里礼拜堂、拖鞋教堂、纽扣教堂及黑暗教堂。黑暗教堂是博物馆里唯一要另外付费的教堂，其价值就是因为教堂保留着满满的湿壁画，黑暗教堂得名于教堂窗户少，里面光线昏暗，也因为如此，壁画的色彩得以鲜艳如昔。这些壁画几乎都是耳熟能详的《圣经·旧约》故事。

乌奇沙与鸽子谷
(Uçhisar & Pigeon Valley)

🚌 位于内夫谢希尔（Nevşehir）东边 7 千米，乌奇沙离格雷梅不远，有迷你巴士专程跑这条路线。

🕐 乌奇沙堡垒：8:00 至日落

¥ 2.5 里拉

必游之地
MUST-VISIT PLACES

　　想看最典型的洞穴小区，来乌奇沙看乌奇沙堡垒（Uçhisar Kale）最适合不过了。乌奇沙是"第三个堡垒"的意思，另外两个位于尔古普（Ürgüp）及欧塔希沙（Ortahisar），三者中以乌奇沙为地势最高的村落，它挺立在一片平原上，是由数个圆锥形的相连巨岩形成的庞

大小区。巨岩上有数不清的洞口，据说在外敌入侵时，平时就在洞穴小区存水粮的居民可以躲上数月不必外出。乌奇沙堡垒的顶端景观更是惊人，可将卡帕多基亚诸多山谷一览无余，夕阳时分是最美时刻。离乌奇沙不远的"鸽子谷（Pigeon Valley）"也是一个自然奇景，一个峡谷地两旁，有数不清的大小鸽子洞，鸽子对卡帕多西亚穴居居民来说，不但有传信的作用，更是营养及肥料的来源，所以在洞穴小区内或附近，都可发现大量的鸽子洞，但像鸽子谷这样规模的鸽子洞，却是卡帕多基亚其他地区所没有的。

于尔古普
(Ürgüp)

🏠 位于格雷梅东边 7 千米

游客服务中心：

🏠 Kayseri Caddesi

🚌 小镇本身是卡帕多基亚区域内的交通、住宿重要据点，区域间的巴士非常频繁。共和广场（Cumhuriyet Meydanı）为市中心，离长途巴士站（Otogar）走路约 5 分钟

☎ 384 341 4059

星级推荐

　　位于特曼尼山丘（Temenii Hill）下的于尔古普早在亚历山大大帝时代就出现在地图上，自此就没从地图上消失过。除了四周围绕的岩石奇景、丰富特产带来络绎不绝的商旅，经过历代的建设，于尔古普已成为卡帕多西亚最富有，同时也是景观最丰富的城市之一。

　　爬上特曼尼山丘，还能遇见一些仍住在洞穴中的吉

普赛人，位于特曼尼山丘上的富豪住宅遗迹、墓冢仍可见。到于尔古普有两样东西值得购买：一个是土耳其地毯，一个是葡萄酒。这里有专门让游客参观的土耳其地毯工厂，在其展示室里会有真人示范整个制毯过程，尤其是丝毯，从煮茧、抽丝、理丝、染丝到编织过程都一目了然，相对于羊毛毯，丝毯更耗费工时和人力，一件2米×3米的丝毯，由两位女性负责编织都要耗去两年半的时间。

土耳其浴场
(Ürgüp Şehir Hamamı)

🏠 Yeni Camii Mahallesi No.22, Ürgüp
☎ 384 341 2241
🕐 7:00-23:00

星级推荐

于尔古普土耳其浴场就位于于尔古普主要广场边，这栋建于塞尔柱时代的澡堂是卡帕多西亚地区数一数二的土耳其历史浴场，仍然维持传统土耳其浴的特色，搓洗、按摩的手法都很地道，十分适合消除一整天的疲累。唯一美中不足的是这里的浴场只有一座，男女共享。

地下城
(Yeraltı Şehri)

🏠 凯马克利（Kaymaklı）地下城位于内夫谢希尔（Nevşehir）南边 19 千米，德林古优（Derinkuyu）地下城则在凯马克利的南边 10 千米
🚌 内夫谢希尔与尼代（Niğde）之间的公交车会在这两座地下城停留
🕐 5—10 月 8:00-18:00，11 月至次年 4 月 8:00-17:00
¥ 15 里拉

MUST-VISIT PLACES 必游之地

地下城的样貌大同小异，只要参观其一就可以。

从何时起、由何人开始挖掘地下城已经无据可考了，比较可靠的考古证据也只能说明自赫梯文化时期起，地下城就已经有了雏刑。卡帕多西亚的地下城不仅是"穴居"这么简单，而有着复杂的生活机制，其中隐藏的未解谜团，有许多值得深入探讨之处。比如说，建造一座能容纳五六千人生活的地下城，是用多少人力挖凿出来的？排泄物又怎么在地下两三个月的

时间中处理掉？每一层 160～170 厘米的高度，是不是依当时人们的平均身高值设定的？长期在地下空间生活，居民又是如何适应的？

　　空气循环系统是地下城最显著的设计，垂直而建的通气孔深达 70～80 米，覆盖地下 4 万平方千米，可让深达 9 层的地下城，最底及最上层也保持 13～15℃的恒温，因此地下城每一层都很适合酿酒，更能抵御恶劣的气候。为了抵御阿拉伯军队，基督徒更巧妙地利用地下城：窄而复杂的通道只容一人进出，利用杠杆原理推动的两重大圆石门，更是地下城最坚固的屏障。地下城大概在 8 世纪后就渐渐荒废了，直到 20 世纪才开始——被发现，目前可知的地下城数量有 36 座，而每一座可参观的部分仅占全城的 20%～40%，其中最有趣的当属德林古优，共有 8 层，可供 3 000～5 000 人于此避难，大圆石门的设计完整可见，公社生活的种种痕迹也清晰可见，是体验地下生活最好的地下城。

帕夏贝
(Paşabağ)

♥

🏠 位于格雷梅和阿瓦诺斯之间，前往策尔维的半路上

必游之地 MUST-VISIT PLACES

　　这里有西亚最美、最可爱的仙人烟囱，还有卡帕多西亚最高的仙人烟囱。玄武岩的仙人烟囱全是多头式、戴尖帽的，非常特别，传说精灵就住在这些烟囱石内，所以才会有仙人烟囱的名称。高耸入云的仙人头像下是开洞的住居及教堂，有一个三头式的烟囱里面有两个房间，其中一个在公元 5 世纪时还是隐士圣西门（St. Simeon）的隐修所，至今还保留得很完整。这里包括一片葡萄园，曾经归一位官员所有，当地人称它为"帕夏的葡萄园"，帕夏贝这个地名也就由此而来。有趣的是，在这里连警察的守卫哨都位于仙人烟囱里。

策尔维户外博物馆
(Zelve Acik Have Muzesi)

🚌 位于恰乌辛（Çavuşin）和阿瓦诺斯（Avanos）之间的路上

🕐 8:00~17:00，夏季至 19:00

💴 15 里拉

必游之地
MUST-VISIT PLACES

站在策尔维户外博物馆不知边际在何处的怪石谷地中，可以体会大自然的神奇，想象一下风吹雨打是如何将火山熔岩大地切割出山谷、波浪石及仙人烟囱的。

卡帕多西亚各种不同造型的仙人烟囱、美丽的自然景观，全部集中在策尔维户外博物馆，在这里可以看到呈白色、粉红色圆锥形的小头胖身仙人烟囱，也有戴黑帽、穿黑衣的白脸仙人烟囱，而由三个谷地形成的户外博物馆则是以绵延数千米的横断面，由高而低、由远而近，仿佛身处岩浪、岩海中。

这里几乎所有的岩石都有开口，或大或小，有的是住家，有的是教堂，更多的是基督徒的避难所，当然在这些洞穴小区的更上方还有鸽子洞，非常完整地反映了当地人的生活。在本地导游带领下，进行半天的健行，走过高低落差数百米的斜坡，登上最高的平顶，再下谷地，爬进洞穴教堂，看在禁止偶像崇拜的时代，基督徒如何用几何图形代表圣父、圣子、圣灵。你也可以走进洞穴厨房，看洞穴一族的石磨、储藏粮食的储藏穴、火炉及餐厅。其中比较有名的有鱼教堂（Balıklı Kilise）、葡萄教堂（Uzumlu Kilise）及鹿教堂（Geyikli Kilise），都是因为上面的壁画而得名。而基督徒废弃的洞穴则由伊斯兰教徒接手，一处有着十字架结构的教堂和伊斯兰教尖塔的清真寺，依然保存完好，展示了那一段不同种族、宗教和平共处的美好时代。

**热气球
之旅**

(Air Ballooning
in appadocia)

Göreme Balloons
☎ 384 341 5662
🌐 www.goremeballoons.com

Kapadokya Balloons
☎ 384 271 2442
🌐 www.kapadokyaballoons.com

⚠ 搭乘热气球有一定的危险性，切勿为贪小便宜而
　盲目选择价钱低廉的业者

星级推荐

　　卡帕多西亚号称世界上乘热气球最美的三个地方之一，一定不能错过这种终生难忘的体验，虽然价格不菲，但为了观赏特殊地貌的动人美景，还是值得一试。一般来说，热气球只在清晨时刻并且在天气允许的情况下飞

行，太阳升起之前，热气球适合由高处往低处飞。每天清晨，几百个热气球随日出飞升，漫天热气球在仙人烟囱岩中穿梭，那种犹如置身电影画面中的感觉，是非常值得捕捉的取景画面。卡帕多西亚的热气球从业者多半有多年的丰富经验，驾驶员能将气球操控得非常平稳而且精准无比，坐在气球篮子里，人们往往觉得就快要撞上山壁了，却都能毫无察觉地闪过各种障碍，这也代表热气球是以最贴近地表的方式，让乘客近距离欣赏地面的一景一物，以及体验凌空的快感。经过约 1.5 小时的飞行，落地之后，再以香槟庆祝并颁发证书。

阿瓦诺斯
(Avanos)

位于格雷梅北边的克孜勒河边，彼此之间有频繁的交通车

游客服务中心

Atatürk Cad. No.55

384 511 4360

8:00—12:00、13:00—17:00，
11月至次年3月周六、周日休息

星级推荐

　　在阿瓦诺斯市中央流过一条克孜勒河（Kızıl İrmak），这条土耳其最长的内陆河，全长1335千米，阿瓦诺斯就位于红河的上游，这里的土壤富含铁质，所以从克孜勒河取出的土壤非常适合做陶器，这就造就了陶瓷小镇阿瓦诺斯。相较于到处穿梭着游客的格雷梅，这里显得比较低调而且更贴近当地人的生活。

阿瓦诺斯有许多陶瓷工作室，不但可以参观他们的工厂，看看美术人员如何描绘花纹，如何利用赫梯帝国传承至今的古法制坯，更有庞大的展示间可以让你慢慢选购。十来分钟便能拉好的一件水壶，往往蕴含的是他们累积了二三十年以上的功力。不少工作室从奥斯曼时代起就供应皇室所需，至今仍是名厂名牌，购买任何一件作品，都会附上证书。目前所展示的陶瓷制品，上面所绘制的花纹有的是创新风格，有的则是效仿奥斯曼时期的伊兹尼瓷砖。

苏丹罕商旅驿站
(Sultanhan Kervansaray)

- 距离科尼亚 102 千米，约 1.5 小时的车程
- 全天
- 免费

　　从安纳托利亚高原过去一直是丝绸之路上重要的贸易栈道。过去商旅暂宿的驿站，目前在土耳其境内还保留 40 多座，而卡帕多西亚和科尼亚主干道之间的阿克萨赖（Aksaray）西郊，这座苏丹罕商旅驿站，由于来往于科尼亚或卡帕多西亚的人，多半都会在此休息片刻，因此成为今天游客最常造访的商旅驿站之一。

　　这座宏伟的驿站建于 1229 年塞尔柱时期，由于经过一场大火，在 1278 年重修，成为土耳其境内最大的一座商旅驿站。驿站主要分成两大部分，开放式的庭院主要在夏天使用，有顶的房屋则是冬天防寒的庇护所。驿站四周由回廊环绕，主要大门面对东方，上面的雕刻十分华丽，呈非常典型的塞尔柱样式。其余还有清真寺、餐厅、澡堂，以及安置牲口的地方。

欧塔希沙
(Ortahisar
Kale)

🚌 位于格雷梅东南 3 千米，在于尔古普和内夫谢希尔之间

☎ 384 343 3071

¥ 卡帕多基亚文化生活博物馆 2 里拉

在一片白屋群间，兀自挺立着一块 125 米高的巨大岩石——欧塔希沙堡垒，当然，这也是一座巨型洞穴小区，其作用就如同乌奇沙一般，是基督徒的避难所。欧塔希沙城是平头式的庞大石块，由于崩落之故，每一个穴居的开口都已完全洞开，登顶后可以望见整个格雷梅镇，以及远方 3 916 米高的艾尔吉耶斯山（Erciyes）的白色雪峰。城下的小镇有多座教堂，其实欧塔希沙最有名的是"柑橘洞"——专门用来储存柠檬、橘子、葡萄柚等柑橘类水果。长久以来，柑橘水果贸易一直是这座小镇最重要的经济活动。小镇上有一所名为卡帕多西亚文化生活博物馆的小型博物馆，里面陈列着一些模型，用来介绍卡帕多西亚的穴居生活及当地人如何制作著名的葡萄糖浆（Pekmez），并介绍了制饼、织地毯、农业耕作等活动。

<table>
<tr><td>**恰乌辛**
(Çavuşin)</td><td>🏠 Cavusin Road, Cavusin
🚌 从格雷梅到阿瓦诺斯的半路上
🕐 全天
💰 教堂 4 里拉</td></tr>
</table>

由于岩山的崩落，原本是历史小城的恰乌辛几乎在数十年前就废弃了，居民则移居到现在的公路旁。在旧村落一带崖壁的最上头，恰乌辛教堂（Çavuşin Kilise）遗迹应该是卡帕多西亚最古老的教堂之一，是今天游客主要参观的地方，因为它的壁画色泽仍在，红、白、绿、褐的着色细致而古朴。如果拿来与格雷梅露天博物馆的黑暗教堂相比，虽然二者都画着满满的《圣经》故事，不过也许是因为恰乌辛的时代又早了两个世纪，加上没有刻意隔绝外面的太阳光，使它不论是色泽还是保存状态，都比黑暗教堂逊色许多。在整座恰乌辛村落后头，也有一些香菇头及烟囱形状的岩石，虽然不是那么有名，但从某些角度看，并不逊于著名的帕夏贝。

<table>
<tr><td>**穆斯塔法
帕夏**
(Mustafapaş)</td><td>🚌 位于于尔古普南边 5 千米，约 10 分钟车程
🕐 全天
💰 免费</td></tr>
</table>

穆斯塔法帕夏是卡帕多西亚最典型的希腊村落，直到1923 年仍有希腊人居住在这里，希腊人迁走之后遗留下来的老房子，墙壁、窗棂、柱子上的雕花仍十分精美古朴，一些民居、修道院都已经改装成旅馆。村落里的圣乔治教堂、圣史蒂芬教堂等东正教教堂仍保留着许多美丽壁画。

住在
卡帕多西亚

Kelebek

这间位于格雷梅的旅馆，10个房间当中有的在基督教时代是制酒的地方；有的是储藏葡萄等水果的地方；有的房间当年被用来养绵羊。经过主人的巧思，依据不同空间做了不同的改装，例如仙人烟囱里的石头圆顶，就改成了浪漫无比的蜜月套房，然后再搭配火炉、老式土耳其家具，摆个水烟、铺上土耳其地毯、装上古董吊灯，有的空间甚至改装成土耳其浴室。由于旅馆所在地势较高，经过特殊改造的餐厅，就是一个视野极佳的观景平台。

- 🏠 Göreme Kasabası
- ☎ 384 271 2531
- 🌐 www.kelebekhotel.com

Alfina

该旅馆位于于尔古普，算是比较大型的洞穴旅馆，远远望去仿佛一座岩石山，旅馆前有一个大型露台以及一座大型花园。旅馆总共有 38 个房间，有的房间已有 300年的历史，当然经过改装之后，现代化旅馆该有的设施这里一样都不缺，房间也比一般洞穴旅馆大。附设餐厅从洞穴、花园到露台，都有不同种类可以选择。

- 🏠 İstiklal Caddesi No.89, Ürgüp
- ☎ 384 341 4822
- 🌐 www.hotelalfina.com

Yusuf Yiğitoğlu Konağı

这间位于于尔古普的洞穴旅馆，其建筑本身有 150 年历史，是奥斯曼时代的房子，过去是希腊人居住以及制红酒的地方。经过改装之后，共有 10 间豪华房以及 4间套房，每个房间的格局摆设都完全不一样，并且都有独立的热水、现代卫浴（其中 4 间有按摩浴缸）、电视、高速 Wi-Fi、中央空调等现代旅馆必有的设施。

- 🏠 Yunak Mahallesi, Tevfik Fikret Caddesi No.34, Ürgüp
- ☎ 384 341 7400
- 🌐 www.yusufyk.com

购在
卡帕多西亚

Turasan

卡帕多西亚的土壤十分适合葡萄生长，4500年前就已经有酿酒的记录，然而几千年来多半是家庭式酿酒。Turasan 这家酒厂成立于1943年，可以说是卡帕多基亚最知名的品牌，如今连伊斯坦布尔、安卡拉、安塔利亚都有分店，提供18种不同的酒让游客试饮选购，从中等价位到媲美欧洲名酒的高档酒都有，其中也包括卡帕多西亚最具纪念价值的烟囱造型葡萄酒。

- 🏠 Çimenli Mevkii, Ürgüp
- ☎ 384 341 4961
- 🕐 8:00-19:00
- 🌐 www.turasan.com.tr

Hadosan

这是一家许多旅行团都会参观的地毯工厂，里面除了有2万多件地毯商品之外，还有工人示范从煮茧、抽丝、染色到分辨棉、毛、丝的不同和编织的过程。不同展示室里陈列着大大小小、不同花色的地毯，价格也令人咋舌，其中一件丝毯堪称"镇厂之宝"，同样2米×3米大小，但从不同方向看会呈现出不同颜色，售价高达150 000美元。

- 🏠 Çevre Tolu No.79/b, Ürgüp
- ☎ 384 341 2222
- 🕐 8:30-19:00

Ömürlü

阿瓦诺斯陶瓷工艺兴盛，相关的工厂、工坊林立，不少陶瓷工艺品就展示在洞穴里，游客除了采购各式各样的工艺品之外，也可以参观整个拉坯、彩绘、上釉的过程，甚至亲身体验拉坯的乐趣。Ömürlü 就是众多陶瓷工坊中的一家，其地下洞穴里展示着数千件高档精致的陶瓷工艺品。如果担心陶瓷器皿沉重易碎，不方便携带，这里也有包装寄送服务。

- 🏠 Yeni Mah.3 Cad.2 Sok. No.26, Avanos
- ☎ 384 511 3231
- 🌐 www.omurlu.com

黑海

一直到 20 世纪 20 年代，黑海沿岸地区长期受希腊文化的影响。该地区主要城市之一的特拉布宗（Trabzon），以财富和美女著称，始建于公元前 756 年，后来一度是拜占庭帝国其中一省的首府。而威尼斯人和热那亚人曾经在这里也相当活跃，从当时遗留的古堡便可以看出迹象。

　　除了漫长海岸线所孕育的丰富渔产，这里还盛产茶叶、烟草、榛果、樱桃。这里的海水尽管不似爱琴海和地中海那般清澈与湛蓝，但由于游客相对少些，所以拥有截然不同的度假氛围。

黑海交通

如何到达——飞机

特拉布宗与伊斯坦布尔、安卡拉均有飞机往返。

如何到达——长途巴士

安卡拉和萨夫兰博卢之间有长途巴士，两地相距 230 千米，车程约 4 小时；与伊斯坦布尔相距 390 千米，车程约 7 小时。

特拉布宗长途巴士站位于市区东南方约 3 千米处，到伊斯坦布尔需 18 小时，到安卡拉 13 小时，有固定的班次开往邻国格鲁吉亚。

市区主街道 Atatürk Alani 及南侧的广场迈丹（Meydan）是市内交通的中心，因此有各种共乘巴士可到达所有地点。

旅游咨询

游客服务中心

萨夫兰博卢

🏠 **Kazdağı Meydanı**

☎ **370 712 3863**

特拉布宗

🏠 **Atatürk Alani 南侧，Hotel Nur 隔壁**

☎ **462 321 4659**

精华景点

萨夫兰博卢
(Safranbolu)

🚌 安卡拉和萨夫兰博卢之间有长途巴士，相距 230 千米，车程约 4 小时；与伊斯坦布尔相距 390 千米，车程约 7 小时

游客服务中心
🏠 Kazdağı Meydanı
☎ 370 712 3863
🕐 9:00−17:00
萨夫兰博卢历史博物馆
☎ 370 712 1314
🕐 9:00−17:30，周一休息
Özer Lokum 土耳其甜点店
☎ 370 712 7414

MUST-VISIT
必游之地
PLACES

　　萨夫兰博卢也叫番红花城，是个不靠海的小山城，距离黑海海岸约 50 千米，历史上因盛产番红花而得名。从 13 世纪开始，萨夫兰博卢就是东、西方商旅必经的驿站，当时是以制作马鞍和皮鞋为主的商城。到 17 世纪时，黑海地区繁盛的商贸使萨夫兰博卢迈入巅峰期，富豪广建华宅，这些运用砖、木打造的奥斯曼宅邸，通过岁月、气候的考验留存至今，成为萨夫兰博卢最抢眼的特色，并于 1994 年跻身世界遗产之林。闲逛窄街巷弄，体会萨夫兰博卢的精华所在。穿梭在萨夫兰博卢恰尔煦（Çarşı）区的巷弄里，不需要地图，随意散步，每个转角、每条街弄、每栋建筑，随处都是风景。累了还可以随手买一盒传统甜点 Lokum（土耳其软糖）补充体力。

奥斯曼宅邸遍布城镇中心的恰尔熙（Çarşı）区和 3 千米外的 Bağlar 区，它们以一个完整聚落的形式被保留了下来，若有兴趣，可以参观这些改装成博物馆或者旅馆民宿的奥斯曼宅邸。基本上，房子都是木结构的，一般有 2 层或 3 层楼，有 10 ～ 12 个房间，并划分成男区（Selamlık）和女区（Haremlık），房间里通常嵌入壁龛、橱柜及壁炉，有的房间的天花板装饰得非常繁复，甚至还用木头做出吊灯的模样。一般来说，房子的格局还包括一座庭院（Hayat），用来饲养牲畜和储存工具；一座可以旋转的橱柜，用来在厨房里准备食物并方便地将食物传递到另一个房间；浴室隐藏在橱柜里面；一座大火炉，是用来控制整个屋子的空调；房间里还有围绕着墙壁的折叠长椅以及放寝具的壁橱。有些"豪宅"更有大到足以当游泳池的室内水池，这在当时是用来降低室内温度的，现在已经改装成旅馆的 Havuzlu Asmazlar Konağı 就是其中之一。

科普鲁律·穆罕默德·帕夏清真寺由奥斯曼时代苏丹下令建造的，建筑时间为 1662 年，比起伊斯坦布尔清真寺的宏伟，这里则显得小巧精致，尤其这座清真寺旁的庭园，绿树成荫，庭院前一座日晷也非常特别，因而成为萨夫兰博卢的代表性建筑之一。

傍晚到俊吉土耳其澡堂泡一个美美的澡，与当地居民一起，感受下厚重的历史感及老浴室的每个细节。夜宿俊吉旅馆，这座商游客栈改建的旅馆建于 1645 年，已经有 360 年的历史了，其样貌完全不同于奥斯曼式建筑，是城区里占地最广的建筑物，当年来往东、西方贸易的商旅必在此暂歇脚步。据说每周六，旅馆后面的广场都会有一个繁忙的露天市场。

特拉布宗
(Trabzon)

与伊斯坦布尔、安卡拉均有飞机往返。长途巴士站位在市区东南方约3千米处，到伊斯坦布尔要18小时，到安卡拉13小时。甚至有固定的班次开往邻国格鲁吉亚。市区主街道 Atatürk Alani 及南侧的广场（Meydan）是市内交通的中心，有各种共乘巴士可到达所有地点

游客服务中心

🏠 Atatürk Alani 南侧，Hotel Nur 隔壁

☎ 462 321 4659

MUST-VISIT PLACES
必游之地

土耳其黑海沿岸的大城市特拉布宗虽然位于东北方的最边缘，却一点儿也不荒凉，整座城市的活力令人十分惊艳，甚至可以说是黑海及土耳其东部一带最繁荣的城市。地理位置就是它得天独厚的优势，紧邻外高加索、俄罗斯，一路到伊朗，从战略、贸易到文化交流，自古以来这里都是最重要的枢纽。这座城市被"土耳其化"的历史相对而言是比较短的，而在与俄罗斯频繁的交流下，人们的穿着、打扮、习惯都比较开放，使得这座城市与其他地方有着完全不同的面貌，仿佛百年前各色人种、宗教多元并存的景象再度出现在这座建在山坡上的港口城市。

　　圣索菲亚博物馆（Aya Sofya）与伊斯坦布尔大名鼎鼎的圣索菲亚大教堂同名，建于 13 世纪中期特拉布宗王国时期，它是整个土耳其东部及黑海一带保存最完整的教堂，以其色彩鲜艳的壁画及马赛克装饰而闻名，尤其是教堂地板的中央各块区域，镶满了多彩的马赛克装饰，最值得游览。这座教堂是晚期拜占庭风格很重要的代表性建筑，以四根柱子支撑高耸的穹顶，教堂内的壁画大都描绘的是《圣经·新约》中的场景，最特别的是，教堂外墙的石头浮雕主题却是跟本地的伊斯兰民间传统艺术相关，见证着文化的流动与交会。

　　苏美莱修道院（Sümela Monastery）高高耸峙在险峻的山壁上，在底下的溪流与森林的环抱下，就像一座神秘坚固的堡垒，挺立在遥远空灵的自然环境中。沿着山壁间蜿蜒狭长的栈道步行而上，再慢慢下行至山壁凹处的一大片空间，一栋栋紧密相连的红瓦砖建筑渐次出现。传说在公元 4 世纪末罗马皇帝狄奥多西一世（Theodosius Ⅰ）

时期，有两位修士无意间在山里的洞穴中发现圣母玛利亚的圣像，便开始在这个遗世独立之境建起修道院。数百年来经过多次的荒废与重建，在13世纪特拉布宗王国时期，由于得到皇室的全力支持，修道院达到鼎盛。一直到19世纪，这里都是希腊东正教徒重要的朝圣之地。整个修道院区沿着斜坡走道，散布着修士居住的狭小宿舍及接待朝圣游客的住所，这些建筑大部分建于19世纪，从山下仰望山壁所看见悬在山脊上的就是这些房舍。而下方中央开凿进山壁的，就是整个修道院区的核心建筑——岩石教堂，从里到外都绘满《圣经》故事场景及无数的圣像画，虽然许多部分被破坏得十分严重，但仍旧闪现着动人的气势。

除了重要的拜占庭教堂及修道院，随着当地人轻松地走在大街与海港旁，就到了特拉布宗最吸引人的地方。每当华灯初上，站在高处望着一艘艘货轮点缀在海面上，是来此地不能错过的风景。

东部高原

　　土地辽阔的东安纳托利亚以高原的形态呈现，海拔5 165米的土耳其第一高峰大阿勒山（Mt Ararat,Ağrı Dağı）稳坐东方边境，皑皑雪峰直上天际。山脚下面积3 713平方千米的土耳其第一大湖泊——凡湖（Van Gölü）平均海拔1 646米，平静湛蓝的湖面映着周围的雪峰。再往东南方走，绵延山峰过了国境之后陡降，两条世界知名大河底格里斯河（Tigris）和幼发拉底河（Euphrates）穿过山脉，形成人类文明的重要发祥地——美索不达米亚平原（Mesopotamia）。正因这般壮阔的大山大水，使得东安纳托利亚始终散发着一种迷人的豪放野性之美。而纠结复杂的历史，也使得边境地区像一块文化调色盘，信奉基督教的亚美尼亚人和叙利亚人与信奉东正教的希腊人混居一起，然后是阿拉伯人、土耳其人，至于库尔德族人则长期占据高地。

东部高原交通

各区域交通信息汇集 ➤

埃尔祖鲁姆（Erzurum）

巴士站位于市区西方2千米处，有到达土耳其各主要城市的班车。火车站位于北边，有固定班车连接西边的伊斯坦布尔及东边的卡尔斯。

锡瓦斯（Sivas）

与伊斯坦布尔有航班往返，飞行时间1.5小时。搭长途巴士到伊斯坦布尔需13小时，到安卡拉需7小时。

内姆鲁特山国家公园（Nemrut Dağı Milli Parkı）

距离最近的两座城市分别是西北边的马拉蒂亚（Malatya），车程约3小时；以及西南边的卡赫塔（Kahta），车程约30分钟，两地都有旅行社安排前往内姆鲁特山的行程，在卡帕多西亚也有旅行社安排内姆鲁特山国家公园的行程，一般为2~3天。

加济安泰普（Gaziantep）

与伊斯坦布尔有航班往返，飞行时间1小时50分钟。搭长途巴士到伊斯坦布尔要17小时，到安卡拉需9小时30分钟。巴士站距市区北方6千米，有迷你巴士可以接驳至市区。

尚勒乌尔法（Şanlıurfa）

巴士站距市中心西侧约1千米，有通往东部各城市的班车。

凡城（Van）

与伊斯坦布尔、安卡拉均有班机往返，前者飞行时间约2小时10分钟，后者约1.5小时。如果搭长途巴士，到伊斯坦布尔需24小时，到安卡拉需13小时。城内有巴士可达东部各大城，并有渡轮可越过凡湖到对岸的塔特凡（Tatvan），但速度较慢，需4~5小时。

多乌巴亚泽特（Doğubeyazıt）

主要大街上有多家客运公司，可买到往来土耳其各大城市的车票。另有多班小巴开往厄德尔（Iğdır），可由此转往卡尔斯（Kars）。镇上主要街道为Dr.İsmail Beşikçi Cad.，步行即可。主街上有几家民营旅行社，可代为安排到亚拉拉特山附近健行、登山等活动。

卡尔斯（Kars）

每日有固定班次的巴士往来埃尔祖鲁姆及凡城，连接多乌巴亚泽特则无直接往来班车，须先坐到厄德尔再转车。市区不大，以方格状棋盘式规划，步行起来十分轻松。

精华景点

内姆鲁特山国家公园

(Nemrut Dağı Milli Parkı)

🚌 在卡帕多基亚东边 600 千米，距离国家公园最近的两座城市分别是西北边的 Malatya，车程约 3 小时，以及西南边的 Kahta，车程约 30 分钟，两地都有旅行社安排前往内姆鲁特山的行程，在卡帕多西亚也有旅行社安排内姆鲁特山国家公园的行程，一般为 2~3 天

☎ 416 725 5007
🕐 5—10 月 8:00-20:00
¥ 5 里拉

内姆鲁特山国家公园坐落在安纳托利亚高原东南侧，以矗立在峰顶的人头巨像著称，是公元前 1 世纪科马吉尼王国（Commagene Kingdom）国王安提奥克斯一世（Antiochus I）所建的陵寝和神殿。虽然王国昙花一现，留给后世的这座建筑却令人震惊。在 1881 年之前，这处古迹早被世人遗忘了 2 000 年，直到 1881 年一位德国工程师受托勘探安纳托利亚东部的交通运输，才在遥远的山顶上发现这处惊人的古迹。遗址坐落在海拔 2 150 米的山上，如今可以开车上山，从停车场再顺着阶梯爬上高 600 米的小山，便可见到这个顶峰上的奇景。

当初安提奥克斯一世下令建造的是一处结合陵墓和神殿的圣地，中间以碎石堆建高 50 米的锥形小山，坟丘从东、西、北三侧辟出平台，各有一座神殿，三座神殿形制一模一样，自左至右的巨石像分别是狮子、老鹰、

安提奥克斯一世、命运女神提喀（Tyche）、众神之王宙斯（Zeus）、太阳神阿波罗（Apollo）、大力神赫拉克勒斯（Hercules），然后再各一座老鹰、狮子石像，每一座石像都高2米，石像下的台阶则是一整排的浮雕，上面刻着希腊和波斯的神祇。2 000多年来，历经多次地震的摧残，石像早已散落一地，北侧更是几乎全部被摧毁。如今，东侧神殿的平台大致完好，石像依序排列在地面上，西侧神殿除了石像立起来了，石块仍然四处散落。每逢日出或日落时分，橙黄色光打在风化龟裂的石像上，加上其身处孤高的峰棱，使画面更显古文明的神秘感。在这里，我们又一次见证到处于东西要冲的土耳其所呈现出的东西方文化融合的景象。山脚下，远方一湾河水流过，那是美索不达米亚古文明发源地——幼发拉底河（Euphrates）的上游。

加济安泰普
(Gazi Antep)

🚌 与伊斯坦布尔有班机往返，飞行时间 1 小时 50 分。搭长途巴士到伊斯坦布尔要 17 小时，到安卡拉 9 小时 30 分。巴士站距市区北方 6 千米，有迷你巴士可以接驳至市区

游客服务中心
🏠 Atatürk Alani 南侧，Hotel Nur 隔壁
☎ 342 230 5969

星级推荐

　　加济安泰普可能并不在大多数旅客游土耳其的路线上，但若有机会一访，你就会发现它就像隐藏的宝藏，处处是惊喜。它位于安纳托利亚高原联结中东其他地区的重要通道上，这里自古以来就充满活力。

　　上午可以在老城游走。沿着城堡下方的坡地直到市区繁忙的大街，聚集了众多造型独特的房子，走进小小的门口，宽阔的中庭映入眼帘，四周由两层楼宇围绕，这就是以前用于商旅休息的驿站。虽然如今早就失去原始的用途，但房子里面却有的是茶馆，有的卖着地毯、日用品，还有的规划成展览场地展示着本城的老照片，凡此种种与老驿站迷人的氛围融合在一起，引人驻足。另有一区，敲打声不绝于耳，一间间店铺展示着手工制作的金属器皿，价格与用途各异，却都精美无比，这是古老的工艺传统延续至今的证明。

　　午餐一定要选择 İmam Çağda 甜食店。土耳其人是公认的"嗜甜如命"，这里的 Baklava 以层层酥皮制成，内馅裹入碎坚果，再搭上甜蜜的糖浆或蜂蜜，口味堪称是土耳其最正宗的。老城区的 İmam Çağda 从 1887 年就开始卖 Baklava，是公认口味最经典的一家，尝一尝那香酥、浓郁、甜滋滋的经典甜食，再来一份烤肉或薄饼，是非常好的土耳其式午餐选择。

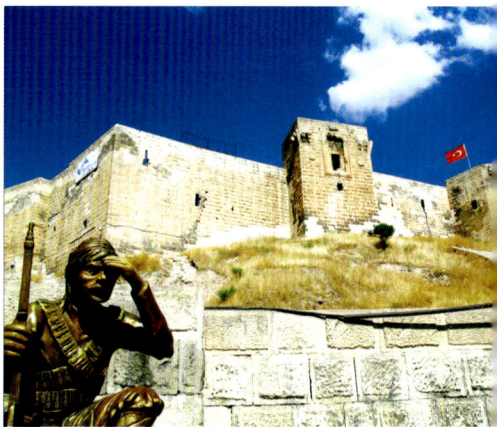

凡城
(Van)

与伊斯坦布尔、安卡拉均有班机往返，前者飞行时间 2 小时 10 分钟，后者约 1.5 小时。如果搭长途巴士，到伊斯坦布尔要 24 小时，到安卡拉 13 小时。城内有巴士可达东部各大城，并有渡轮可越过凡湖到对岸的塔特凡（Tatvan），但速度较慢，需 4 ~ 5 小时

土耳其最大的湖泊凡湖东岸的凡城，外表现代、设施便利，其中却蕴藏着深厚且层层交织的文明痕迹。公元前 9 世纪时，此地就是乌拉尔图王国（Urartu）的根据地，公元 1 世纪之后则为信仰基督教的亚美尼亚王国的领土。在奥斯曼土耳其帝国征服整个小亚细亚之后，这里仍是一座属于亚美尼亚人的城市。直到 20 世纪初，亚美尼亚人的生活痕迹与文化才被大规模抹去。

位于凡湖西南方有一座阿卡达玛小岛（Akdamar Adası），是来土耳其东部不可错过的景点，徜徉在这个被湖光山色所包围的小岛上，仿佛来到一处世外桃源。花木扶疏的岛上有着一座亚美尼亚建筑精华——圣十字教堂。此教堂建于 10 世纪，直到 19 世纪以前都是亚美尼亚东正教的主教所在地，因其偏僻的地理位置，使之得以躲过大规模的破坏，保存下相对完整的样貌，现在为一座对外开放的博物馆。最令人惊艳的莫过于围绕着外墙的浮雕及带状装饰纹样，亚美尼亚人用一种带着童趣的造型风格来刻画种种《圣经》场景、帝王皇后、动植物的图像，充满了质朴的生活感。延绵的土丘盘踞天际，土丘上古老的城堡残迹，千年以来不同文化、政权皆在其上留下了痕迹，是这座城市留下的为数不多的历史见证。登上城堡高处，近旁碧蓝的凡湖一览无余，看上去无比的广大，此刻方才体会当地人为何都称之为"海"。

多乌巴亚泽特
(Doğubeyazıt)

🚌 主要大街上有多家客运公司，可买到往来土耳其各大城的车票。另有多班小巴开往厄德尔，可由此转往卡尔斯。镇上主要街道为 Dr. İsmail Beşikçi Cad.，步行即可。主街上有几家民营旅行社，可代为安排到亚拉拉特山附近健行、登山等活动

位于土耳其的极东之境，这个与伊朗交界的小镇，生活设施完备，当地的居民以库尔德族居多，由于位于边境，军人的身影也无所不在。大部分旅客来此地的原因除了跨越边境到伊朗，就是一睹土耳其最高峰——亚拉拉特山（Mt Ararat）。据《圣经》记载，上帝让大洪水淹没地球，只有挪亚方舟满载的活物，最后停靠在亚拉拉特山峰上。只要稍微离开镇上，往伊朗边境的方向走，一眼就能看见那高达 5137 米、终年积雪的山峰。天气晴朗时山峰积雪晶莹，令人感到惊艳不已。若想在亚拉拉特山附近进行健行、登山等活动，可找当地旅行社咨询。

艾萨克帕夏宫殿（İshak Paşa Sarayı）位于距镇中心东方 6 千米的山丘上，是来到多乌巴亚泽特另一个必游的景点，镇上有小巴可以直达，也可慢慢徒步上山。宫殿建在三面都是悬崖的陡峭山丘上，多乌巴亚泽特及远方连绵的山岭展开在脚下，壮阔而邈远，宫殿则气势磅礴地雄踞一方，是气势逼人的取景镜头。宫殿建于 17 到 18 世纪之间，是当时统治邻近区域王国的皇室所在地，集居住、军事、行政、宗教、学术、后宫等功能于一身，融合了包括塞尔柱、奥斯曼、格鲁吉亚、波斯、亚美尼亚等不同时期、不同文明的建筑风格，从细节到整体，像华丽的万花筒令人目不暇接，在土耳其历朝历代的建筑中，有着非常独特的地位。

卡尔斯
(Kars)

🚌 每日有固定班次的巴士往来艾兹伦及凡城，连接多古拜亚济则无直接往来班车，须先坐到厄德尔再转车

❗ 市区不大，以方格状棋盘式规划，步行起来十分轻松

游客服务中心
🏠 Lise Caddesi
☎ 474 212 6817

MUST-VISIT PLACES
必游之地

　　卡尔斯是另一个与土耳其大多数地方迥异的城市，位于国境的边陲，一直到近代，这片土地才归属土耳其。塑造这座城市独特风貌的主要因素有两个：一是 10 世纪在此立国的亚美尼亚巴格拉蒂王朝（Bagratids），此后邻近区域绝大部分的居民、信仰及文化，都受到了亚美尼亚的强烈影响；二是俄国，19 世纪俄土战争时，此地被俄罗斯攻下，一直掌控至 20 世纪初，整座城市的规划、房屋的兴建，全是在这段时期进行的。至今，街上仍四处可见颜色淡雅的砖造平房、精致的窗格及栏杆，充满浓浓的异国氛围，被称为土耳其的"小俄罗斯"。相较于保存完整的俄罗斯建筑，城中大部分亚美尼亚教堂及建筑都遭到严重破坏，距卡尔斯不远的阿尼古城废墟，就静静躺卧在寂静中，诉说着曾经的繁荣与沧桑。此地的蜂蜜与奶酪则是全土耳其最佳，推荐品尝。清晨在城区穿行，看完异国建筑之后，建议把时间留给亚美尼亚文化遗址。

　　卡尔斯城堡（Kars Kalesi）隔着一条河岸盘踞在城市上方，最早从巴格拉蒂王朝开始兴建，墙上饰有许多亚美尼亚十字架纹饰（Khachkar）及铭文，到了奥斯曼帝国时代，在原先的规模上又再加强。爬上城堡可以将整座城市尽收镜头中。城堡下方的区域过去风华一时，有座横跨河岸的百年石桥，两岸各有一座土耳其公共浴池，还有一排豪华宅邸及亚美尼亚教堂，可惜现在都已荒废，只剩下

断壁残垣，透出一股宁静而哀伤的氛围。

　　神圣使徒教堂（Holy Apostles Church）坐落在城堡下方不远处，是唯一保存完整的亚美尼亚古教堂。始建于 10 世纪，十字形的中心四周各有半圆的小室，圆拱上是尖顶，围绕着尖顶下的墙面有《圣经》里十二使徒的浅浮雕，造型朴拙有力。在卡尔斯漫长复杂的历史中，这座教堂也随之有不同的发展变迁，16 世纪被奥斯曼土耳其改建为清真寺，19 世纪又被俄国人改为东正教教堂，之后经过一段时间的荒废后，现在又成为一座清真寺。可喜的是，经过维修及重整并没有失去教堂的原貌，保存了亚美尼亚文化曾经存在的痕迹。

　　阿尼古城（Ani）在卡尔斯的东边 45 千米处，土耳其与亚美尼亚的边界，并无公共交通工具可达，通常包车游览。这是一片地势险峻的开阔平地，三边都被深长的山谷与沟壑包围，易守难攻。它在 9 世纪时成为亚美尼亚王国的首都，因地处战略及贸易重地，到了 11 世纪已经成为世界上最繁华的都城之一，美丽的教堂、宫殿、城堡一座接一座，最高峰的时候城里有近 20 万居民，可媲美当时的君士坦丁堡、巴格达、开罗等国际大城，被称为"一千零一座教堂之城"。而经过蒙古、波斯、奥斯曼帝国的劫掠、占领，以及近代土耳其与亚美尼亚的冲突，这座城市几乎已被夷为平地。放眼望去，只有野草、满地的瓦砾和像是被轰炸后残余的断壁，成了名副其实的"鬼城"。考古及维修的工作也进行得非常粗糙，许多重建都使它原貌尽失。虽然如此，在少数几座留存的教堂中，仍能看到完美的等边六边形、尖顶三角锥、盾形的廊檐格局、明暗相间的石墙堆砌、精致的几何雕刻等亚美尼亚典型的建筑风格，供人们在苍茫的大地中，想象曾经存在过的文明。

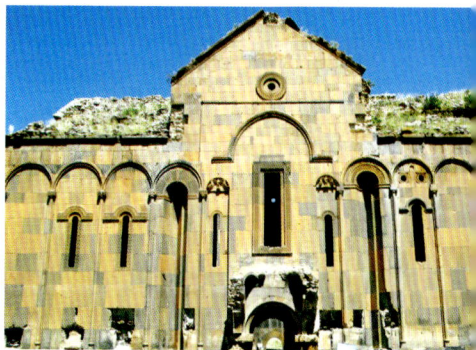

埃尔祖鲁姆 (Erzurum)

🚌 大部分商店、著名景点都位于市中心的共和大道（Cumhuriyet Caddesi）两旁，沿途步行皆可达

　　埃尔祖鲁姆这座海拔 1 757 米的城市，是土耳其东部高原少数的大城之一，以其严寒的气候闻名，冬天甚至会达到零下 30℃，而到了夏天则非常凉爽、舒适。虽然地处群山包夹的高原上，市区的热闹程度及来来往往的年轻面孔会让人不觉得身处偏远之境，这都是因为此地有土耳其最大的大学之一——阿塔图尔克大学（Atatürk University）。在活泼的大学城气氛中，埃尔祖鲁姆保存了几座塞尔柱时代风格的代表建筑，其中以建于 13 世纪末的双塔神学院（Çifte Minareli Medrese）最为经典，两根高耸的宣礼塔极富韵律地直插云霄，几何造型的建筑比例对称，正门饰以精致的浮雕，既对照又协调，充分展现塞尔柱成熟的工艺水平。城市东侧的台地上有一座历史悠久的城堡，登高爬上钟塔可以鸟瞰整座城市以及远方高原，狭小的巷道围绕在塔底，充满了旧日时光的味道。

锡瓦斯 (Sivas)

🚌 与伊斯坦布尔有航班往返，飞行时间约 1.5 小时。搭长途巴士到伊斯坦布尔要 13 小时，到安卡拉 7 小时

巴利克利温泉
🌐 www.balikli.org

　　锡瓦斯位于安纳托利亚高原的中部与东部之间，海拔 1275 米，在古丝绸之路兴盛的年代，这里是商旅贸易路线上的重要停靠站。在现代土耳其的历史上，锡瓦斯也占有一席之地。第一次世界大战期间，国父凯末尔就是在这里的议会上拟定计划，终止列强割据，解放土耳其。目前锡瓦斯除了仍留存少许塞尔柱时代的建筑之外，与其他安纳托利亚高原的城市并无二致，不过这里则是前往邻近两个重要景点的出入口，一是名列《世界遗产名录》的迪夫里伊大清真寺和医院（Great Mosque and Hospital of Divriği）；另一个则是世界上绝无仅有的"鱼疗温泉"——巴利克利温泉（Balıklı Kaplıca），温泉水里悠游着一种能耐高温的小鱼，"鱼医生"专治极难断根的皮肤癣。

尚勒乌尔法
(Şanlı Urfa)

🚌 巴士站距市中心西侧约 1 千米，有通往土东各城市的班车

❗ Golbasi 公园距市中心南方约 1 千米

星级推荐

尚勒乌尔法可以说是全土耳其最传统、保守的城市之一，同时也是重要的朝圣之地，相传伊斯兰教的先知易卜拉欣（Ibrahim，基督教称为亚伯拉罕）就是在此地出生的。在规划完善的 Golbasi 公园里，除了有挤满肥硕鲤鱼的池子，还有许多重要的清真寺也聚集于此。在旁边山丘底下的洞穴，即是传说中先知易卜拉欣的出生地，排队走进里面，可以饮用神圣的泉水。走到山坡上则是古城堡的残迹，两根柱头由卷曲植物作为装饰，是罗马时代的遗迹。此处还是绝佳的观景平台，可眺望底下的城市全景。此地离叙利亚边境仅约 60 千米，因此一直都受到阿拉伯文化的强烈影响，走在旧城区可以听见许多人讲阿拉伯语，妇女着黑色罩袍，还有市场里多种声音和气味，都洋溢着浓浓的阿拉伯情调。

下午乘坐大巴前往哈兰（Harran）。距尚勒乌尔法南方仅有 50 千米，它位于一片干旱的荒漠中，在今天看来是个寸草不生的贫穷村落，但其实在千年以前这里有着非常辉煌的历史，它是古代整个美索不达米亚平原地区非常重要的商业、文化及宗教中心之一，只不过由于自然环境变迁以及文明的更替，所有的辉煌终长埋在沙尘之中。8 世纪时，伊斯兰教世界的第一所大学在此成立，将希腊时代的天文、哲学、自然科学、医学等知识译成阿拉伯文，使这些重要的西方经典得以保存、延续，并促使许多重要的思想发明在伊斯兰教世界进一步完成。现在这座大学只剩几座墙垣、柱头及满地的瓦砾，而村镇上是一座座造型独特的"蜂窝"型民居，由泥、干粪及简单的支架堆叠而造成，这种非常原始的造屋技术，已有千年以上的历史，其遮荫及散热效果，使得这里的居民得以度过夏日高达 50℃ 的酷热天气。